생시몽
**새로운
그리스도교**

*Nouveau Christianisme, Dialogues entre un
conservateur et un novateur: PREMIER DIALOGUE,*
Édition Dentu, 1869.

시민 교양 신서 04

생시몽
새로운
그리스도교

생시몽 지음
박선주 옮김

도서출판
좁쌀한알

남을 사랑하는 사람은 율법을 다 이룬 것입니다.……

모든 계명은 '네 이웃을 네 몸과 같이 사랑하여라'

하는 말씀에 요약되어 있습니다.

사도 바울, 「로마서」

차례

서문

서문

이제 읽게 될 발췌 부분은 『문학, 철학, 산업에 대한 견해들(Opinions littéraires, philosophiques et industrielles)』의 제2권에 속하는데, 다루는 주제가 그 자체로 매우 중요하고 현 정치 상황을 고려할 때 지금 따로 분리해서 출간하는 것이 적절하다고 판단하였습니다.

백성들과 왕들이 진정한 기독교 정신에서 멀어졌고 여러 신성 모독적 법이 공포되었으며 영국의 가톨릭 신자와 개신교 신자들이 고통스럽고 오랜 싸움을 끝낼 방법을 모색하는 이 시기에, 이들을 진정한 기독교 정신으로 돌아오게 하는 것, 그리고 모든 사람이 신앙을 갖고 최소한 서로를 존중할 필요를 느끼며 유명한 작가들이 종교의 기원과 형식, 발달을 규명하는 일에 몰두하고 또 다른 편에서는 신학이 미신이라는 미명하에 종교를 억압하려고 하는 이 시기에, 사회에서 신앙에 의한 활동을 명확히 하는 것, 이것이 다음의 대화에서 제시하는 주요 목표들입니다.

다양한 기독교 종파들은 서로 상대를 이단으로 보고, 도의적으로 또 기독교의 진정한 의미에서 볼 때, 수준은 다 다르지만 모두가 어느 정도 이단적이라 할 수 있는데, 이 성직자들은 이단적이라는 비난과 이 글에 격렬히 항의할 것입니다. 그러나 이 글은 단지 그들에게만 호소하는 것이 아닙니다. 이 글은 가톨릭 아니면 루터파 개신교, 개혁파 개신교, 영국 국교, 심지어 유대교로 분류되었더라도 종교의 주요 목적을 윤리로 여기는 모든 사람에게 호소합니다. 종교의식과 교의(敎義)에 폭넓은 자유가 있음을 인정하면서 윤리에 무관심하지 않고, 윤리가 그 종교적 특성을 유지하면서도 정화되고 완성되어 사회 모든 계층에 영향력을 확장할 필요를 끊임없이 느끼는 모든 사람, 초기 기독교 안에 있던 진정으로 숭고하고 신적인 것, 다시 말해 예배 의식이나 교의보다 윤리가 우위에 있음을 이해하고 이와 동시에 예배 의식과 교의의 목적이 모든 신자의 관심을 신적인 윤리로 향하게 만드는 데 있음을 파악한 모든 사람에게 호소합니다. 이런 관점에서 가톨릭과 개신교를 비롯해 기독교의 또다른 종파들에 대한 비판은 필요 불가결합니다. 이 다양한 종파 가운데 어디에서도 기독교 창시자의 목적을 이행하지 않았기 때문입니다.

기독교 윤리를 정화하고 종교 의식과 교의를 단순화하려는 욕망에서, 많은 사람이 새로운 차원의 종교로 필연적 이행 또는 최종 선택으로서 이른바 '개혁파' 종교처럼 개신교에서 특수한 종파를 제안하게 되었습니다. 이들은 근거로 자신들이 다른 종교보다 기독교 정신에 더 가까이 갔다는 점을 드는데, 확실히 이들은 자신들이 개신교에 반대한 모든 특성을 몰아내기 위해서 일어설 것입니다.

인류는 모방을 피할 수 없다는 주장에 대해서 한 가지 언급할 것이 있습니다. 이전 시대의 이런저런 의견이나 제도의 장점을 높이 평가해서 채택할 때는 종종 여론이나 상위 기관의 결정과 함께 가야 합니다. 이런 관점에서 모든 실수는 해롭지만 일시적입니다.

신에 관한 사상과 계시를 단지 무지와 야만의 시대에만 약간의 유익을 줄 수 있었던 처방처럼 여기고 19세기에 그런 처방을 사용하는 것은 반(反)철학적이라고 생각하는 사람들, 볼테르(Voltaire)처럼 무신앙적이고 회의적인 성향의 웃음을 짓는 사람들은 이 글을 쓴 이에게 논박할 수 있다고 믿고서 아마도 자신들의 자칭 철학 체계에서 기독교의 격언보다 더 일반적이고 단순하며 대중적인 도덕 격언을 찾아내

11

려 할 것입니다. 그러다가 만일 마음 깊이 계시된 순수 이성과 자연법칙을 대체할 만한 것을 찾아내지 못하면 분명, 말을 통한 토론을 더는 지지하지 않을 것입니다. 거기다가 언어가 얼마나 모호하고 불확실한지 지체 없이 알아차릴 것입니다. 만일 그들이 기독교 원칙이 지닌 초인적인 탁월성을 의심할 수 있다면, 적어도 그 원칙을 인간이 한 번도 사용하지 않은 가장 보편적인 원칙으로서, 18세기 전에 만들어진 가장 고상한 이론으로서는 존중할 것입니다.

첫 번째 대화[1]

보수주의자 하느님을 믿습니까?

개혁가 예, 하느님을 믿습니다.

보주주의자 기독교의 기원이 하느님에게 있음을 믿습니까?

---

1 세 번째 대화까지 계획하는 내용이 나오지만, 본문은 첫 번째 대화까지만 있다.-역주

개혁가 예, 믿습니다.

보수주의자 기독교의 기원이 하느님이라면 우리가 기독교를 완전하게 할 수는 없습니다. 그런데도 당신은 여러 편의 글을 써서 여러 예술가와 산업가, 학자에게 기독교를 완전하게 만들라고 요구합니다. 결국 당신은 견해와 믿음이 서로 대립하므로 모순됩니다.

개혁가 내 견해와 믿음 사이에서 당신이 주목하는 대립은 표면적일 뿐입니다. 하느님이 친히 하신 말씀과 성직자가 자의적으로 한 말을 구별해야 하지요.
하느님이 말씀하신 것은 분명 우리가 개선할 수 있는 게 아니지만 성직자가 하느님의 이름으로 한 말은, 다른 모든 인문 과학과 마찬가지로, 완전해질 가능성이 있는 지식을 구성합니다. 신학 이론은 물리학이나 화학, 생리학 이론과 마찬가지로, 시대에 따라 쇄신될 필요가 있습니다.

보수주의자 당신은 기독교에서 어느 부분을 신적이라고 믿습니까? 또 그에 반해 인간에게서 왔다고 여기는 것은 어느 부분입니까?

개혁가 하느님은 사람들이 "서로 형제처럼 대해야 한다"고 말
씀하셨습니다. 이 숭고한 원칙이 기독교의 모든 신적인
특성을 함축합니다.

보수주의자 뭐라고요! 기독교의 신적인 특성 전부가 이 단 하
나의 원칙으로 단순화된다고요!

개혁가 하느님은 모든 것을 필연적으로 단 하나의 원칙과 결
부하셨습니다. 반드시 하나의 동일한 원칙으로 귀결되게
하셨지요. 그렇지 않았다면 인간을 향한 그분의 뜻이 절
대로 체계적이지 못했을 것입니다. 전능자가 여러 원칙에
근거해 종교를 세웠다는 주장은 신성 모독일 테니까요.
그런데 하느님이 주신 이 행동 원칙에 따르면 인간은 가
장 많은 사람에게 가장 이로운 방식으로 사회를 조직해
야 하고, 가장 많은 사람이 속한 계층의 도덕적 물질적
생활 조건을 조속하고 완전하게 개선하는 것을 모든 작
업과 행동의 목표로 정해야 합니다.
이것만으로 오로지 이것으로 기독교의 신적인 부분이

14

구성된다는 게 나의 생각입니다.

보수주의자 하느님이 인간에게 하나의 원칙을 주셨다는 점을 인정합니다. 극빈층의 도덕적이고 물질적인 생활 조건을 지체 없이 그리고 완전하게 개선하도록 사회를 조직하라고 명하셨다는 사실도 인정합니다. 그러나 하느님이 인류에게 인도자들을 두셨다는 사실을 아셨으면 합니다. 예수 그리스도는 승천하시기 전 사도들과 그 후임자들에게 사람들의 행동을 지도하라는 임무를 주셨습니다. 신적 윤리를 기본 원칙으로 가르쳐서 가장 정의로운 결과를 내도록 도우라고 말입니다.

당신은 교회가 신적인 기관이라고 인정합니까?

개혁가 나는 하느님이 손수 그리스도의 교회를 세우셨다고 믿습니다. 기독교 교부들의 행동을 깊이 존경하며 대단히 감탄하고 있습니다.

초대 교회의 지도자들은 모든 백성이 연합해야 한다고 단호히 전했습니다. 서로 평화롭게 살기를 촉구했고, 세도가들에게 우선적인 의무로 빈자들의 도덕적·물질적 생활 환경을 조속하게 개선하도록 모든 방법을 동원하라고 적극적이고 열정적으로 선포했습니다.

초대 교회의 지도자들은, 출판된 적은 없지만, 『기본 교리 문답서』를 만드는 일에 최선을 다했습니다. 이 초기 교리문답서에서는 인간의 행실을 두 부류로 나눴습니다. 착한 행실과 나쁜 행실, 즉 신적 윤리라는 기본 원칙에 부합한 행실과 그것에 반하는 행실로 말입니다.

보수주의자 당신의 견해를 좀 더 구체적으로 설명해주시고, 기독교 교회는 과오를 범하지 않는다고 보시는지도 말씀해주십시오.

개혁가 교회 지도자들이 사회의 모든 세력을 신적인 목표를 향해 이끌 역량이 있는 경우라면 어렵지 않게 교회가 과오를 범하지 않는다고 볼 수 있고, 사회는 교회의 인도를 받아 신중하게 움직이리라고 생각합니다.

교부들이 그 시대에 과오를 범하지 않았다고 생각하지만 오늘날의 사제들은 모든 단체를 막론하고 사회에 대단히 해롭고 커다란 잘못들을 저지르고 있는 것 같습니다. 그들의 행동은 신적인 윤리라는 기독교의 근본 원칙과 정면으로 대립하고 있습니다.

보수주의자 그렇다면 결국 당신은 기독교가 현재 매우 안 좋은 상황에 처했다고 생각하십니까?

개혁가 오히려 그 반대입니다. 지금처럼 좋은 그리스도인들의 수가 많은 적이 없었습니다. 그런데 그들은 거의 모두 평신도들입니다. 기독교는 15세기 이래 행동의 통일성을 잃었습니다. 그때 이후로 성실한 성직자란 더는 존재하지 않습니다. 오늘날 자신의 견해와 도덕, 종교 의식, 교리들을 하느님께 받은 윤리 원칙과 연결하려고 시도하는 모든 성직자는 이단적입니다. 그들의 견해와 도덕, 교리, 종교 의식이 신적 윤리와 대립되기 때문입니다. 가장 힘 있는 성직자들의 이단적 사상이 또한 가장 강력합니다.

보수주의자 당신이 생각하듯 기독교를 가르칠 책임을 맡은 사람들이 이단적이 되었다면 앞으로 기독교는 어떻게 되겠습니까?

개혁가 기독교는 보편적이고 유일한 종교가 될 것입니다. 아시아인과 아프리카인이 개종하고, 유럽의 많은 성직자가 좋은 그리스도인이 되면서 오늘날 가르치는 여러 이단

17

사설을 포기할 것입니다. 기독교의 진정한 교리, 즉 신적 윤리의 근본 원칙에서 가장 일반적인 교리가 도출되고, 그러면 종교적인 여러 견해 사이에 존재하는 차이들도 즉시 사라질 것입니다.

기독교의 첫 교리는 사회에 단지 부분적이고 매우 불완전한 조직을 제공했습니다. 로마 황제의 권리가 교회에 부여된 권리와는 별개로 남아 있었지요. "황제의 것은 황제에게 돌려주라." 이것이 이 두 권력을 나눈 유명한 금언입니다. 세상의 권력, 세속권은 계속 약육강식이라는 강자의 법에 토대를 둔 반면, 교회는 사회가 극빈층의 생활 조건 개선을 목표로 하는 기관들만 그 정당성을 인정해야 한다고 가르쳤습니다.

새로운 기독교는 영적인 기관들뿐 아니라 세속적 기관들도 "모든 인간은 서로 형제처럼 대해야 한다"는 원칙에서 이끌어낼 것입니다. 그리고 그 성격이 어떻든 모든 기관들의 목표를 극빈층의 복지 향상으로 정하도록 지도할 것입니다.

보수주의자 그런 견해를 갖게 된 근거는 무엇입니까? 무엇을 근거로 해서 당신은 그 윤리 원칙이 모든 인간 사회에서 유일한 제어 장치가 되리라고 믿습니까?

개혁가 가장 일반적인 도덕률, 즉 하느님의 윤리가 유일한 윤리가 되어야 합니다. 이것이 그 본질과 기원에 따른 마땅한 귀결입니다.

하느님의 백성, 곧 예수가 오시기 전에 계시를 받은 백성이자 지구상에 가장 넓게 퍼져 살고 있던 백성은 언제나 교회의 교부들이 기초를 놓은 기독교 교리가 불완전하다고 느꼈습니다. 그래서 완전한 보편성을 띠는 종교 교리가 제시될 위대한 시대, 즉 그들이 '메시아적'라 이름 붙인 시대가 도래하고 그 교리가 세속권과 교권(敎權)의 활동을 동일하게 통제할 것이며, 그렇게 되면 전 인류가 단 하나의 종교, 단 하나의 조직체를 갖게 되리라고 선포해 왔습니다.

요컨대 나는 새로운 기독교의 교리를 분명하게 구상하고 제시하겠습니다. 이어서 영국과 프랑스, 독일 북부와 남부, 이탈리아, 스페인, 러시아, 북아메리카와 남아메리카에 존재하는 영적 기관과 세속적 기관 전부를 검토할 것입니다. 이러한 여러 다른 기관의 교리들을 신적 윤리라는 근본 원칙에서 직접 이끌어낸 교리와 비교하고, 만일 이런 모든 종교 기관이 극빈층의 도덕적이고 물질적인 복지 향상을 목표로 나아간다면 사회의 모든 계층과 나라를 아주 빠른 속도로 번영하게 할 수 있다는 사실을 진실하고 선의를 가진 사람들 모두가 쉽게 이해하도록 할 계획입니다.

나는 개혁가입니다. 지금껏 아무도 하지 않았던 방식으로 신적 윤리의 근본 원칙에서 곧장 결론을 이끌어내기 때문입니다. 나와 같이 공익을 추구하는 데 열심인 당신은, 보수적 성향에 이끌려서 내가 지금 전개하려는 원칙을 사람들이 놓치지 않게 막는 것으로만 만족하고 있습니다. 자, 우리 힘을 모읍시다. 내 견해를 밝힐 테니, 당신은 내가 전능자께서 인류에게 주신 지침에서 벗어났다고 생각할 때 반박하십시오.

나는 전적으로 확신을 갖고서 이 중요한 작업에 착수합니다. 가장 훌륭한 신학자는 신에게서 온 윤리의 근본 원칙을 가장 폭넓게 적용하는 사람이고, 그런 신학자야말로 진정한 교황이요 이 땅에 보내진 하느님의 대리인이라 할 수 있습니다. 내 주장의 결론이 정당하고 제시하는 교리가 올바르다면 그것은 내가 하느님의 이름으로 말하기에 그렇습니다.

본론으로 들어가겠습니다. 먼저 오늘날 존재하는 여러 종교를 살펴보겠습니다. 그 종교들의 여러 교리를 신적 윤리의 근본 원칙에서 곧장 도출되는 교리와 비교하겠습니다.

1장
여러 종교에 관하여

1장 여러 종교에 관하여

새로운 기독교는 오늘날 유럽과 아메리카 대륙에 존재하는 다양한 이단 단체와 구성 요소들이 거의 비슷합니다.

새로운 기독교는 이단 단체들과 마찬가지로 고유한 윤리와 종교 의식, 교리를 가집니다. 또한 새로운 기독교에도 성직자들이 있고, 이들은 또 지도자들을 갖게 될 것입니다. 하지만 이런 조직의 유사성에도 불구하고 새로운 기독교는 현재의 모든 이단 사설이 제거되어 정화된 모습을 띨 것입니다. 새로운 그리스도인들은 새로운 기독교의 윤리를 가장 중요하게 생각하고, 종교 의식과 교리는 단지 모든 계층의 신자들의 관심을 이러한 윤리로 향하게 하는 것을 주목적으로 하는 부차적 부분으로 여길 것입니다.

새로운 기독교의 윤리는 "인간은 서로 형제처럼 대해야 한다"는 원칙에서 직접 도출됩니다. 이 초기 기독교의 원칙은 '변화'를 거쳐 오늘날에도 예전과 마찬가지로 모든 종교 활동의 목표로 제시될 것입니다.

쇄신된 원칙은 이렇게 제시될 것입니다. "종교는 극빈층의 처지를 가능한 조속히 개선한다는 위대한 목표로 사회를 이끌어야 한다."

새로운 기독교의 토대를 정립하고 새 교회의 지도층을 구성할 사람들은, 많은 일을 감당해 극빈층의 복지 증대에 가장 크게 기여할 수 있는 사람들이어야 합니다. 성직자들의 임무는 결국 새로운 기독교의 교리를 가르치는 것이고, 이 교리가 완전해지도록 교회 지도자들은 부단히 노력해야 합니다.

이상 현재 상황에서 진정한 기독교가 전개해야 할 특징을 간략히 설명했습니다. 이제 이 새로운 기독교의 개념을 유럽과 아메리카 대륙에 이미 존재하는 다른 종교들과 비교하겠습니다. 그러면 오늘날 자칭 그리스도의 종교라고 하는 모든 종교가 사실은 단지 이단 사설에 불과하다는 증거가, 다시 말해 기독교의 유일한 목적인 극빈층의 조속한 복지 향상을 직접적으로 지향하지 않고 있다는 증거가 분명히 드러날 것입니다.

2장
가톨릭에 관하여

2장 가톨릭에 관하여

사도전승의 로마가톨릭교회는 유럽과 아메리카의 모든 종교 단체 중 신자 수가 가장 많습니다. 그리고 유럽과 아메리카, 두 대륙 사람들이 소속된 다른 모든 종파에 비해 여전히 큰 장점들을 갖고 있습니다.

로마가톨릭교회는 기독교 연합을 직접 계승한다는 점에서 정통성의 '겉옷'을 입고 있습니다.

가톨릭 성직자들은 기독교 성직자들이 15세기에 걸쳐서 수많은 승리를 거둬 획득한 대부분의 부를 물려받았습니다. 출생에 따른 특권 계급에 대항하여 재능에 따른 특권 계급을 위해 싸우고, 호전적인 사람들에 비해 평화를 옹호하는 사람들을 종교적으로 우위에 두었지요.

가톨릭교회의 지도자들은 20세기가 넘는 세월 동안 죽 세계를 지배한 도시의 지상권을 지켜왔습니다. 먼저 군사력으로, 그리고 신적 윤리의 절대 권력을 통해서 말입니다. 오늘날 바로 이 바티칸 교황청에서 예수회 수도사들이 신비적 경향과 속임수라는 가증한 술수로 인류 전체를 지배할 방법을 구상하고 있습니다.

사도전승의 로마가톨릭교회는 창립자인 교황 레오 10세[1]의 재위 기간 이후에 세력을 상당히 잃기는 했지만 그래도 여전히 이론의 여지없이 매우 강력합니다. 그러나 그들의 세력은 단지 물질적이며 오로지 책략을 통해서만 유지되고 있습니다. 영적인 힘, 도덕의 힘, 기독교의 힘 즉, 정직성과 충성에서 오는 능력이 전적으로 부족합니다. 한마디로 사도전승의 로마가톨릭교회는 기독교의 한 이단(異端)에 불과합니다. 기독교의 쇠퇴한 한 분파에 지나지 않습니다.

가톨릭이 이단이라는 나의 단언을 증명하겠습니다. 기독교가 부흥하면 종교 재판이 없어지고 예수회 및 마키아벨리적인 권모술수의 교리가 사라지리라는 것을 증명하겠습니다.

진정한 기독교는 모든 인간에게 서로 형제처럼 대하라고 명합니다. 그리고 예수 그리스도는 도덕적이고 물질적인 측면에서 극빈층의 생활 조건을 개선하는 데 크게 기여한 사

---

1 면죄부 판매로 악명을 날렸던 교황으로 루터는 레오 10세의 재임 기간 중 95개 반박문을 게시하여 종교개혁의 서문을 열었다.-역주

람들에게 영원한 생명, 즉 영생을 약속했습니다.

따라서 대다수 백성이 속한 빈곤 계층의 복지 향상을 목적으로 하는 노동을 지도할 만한 역량이 있는 사람들 가운데서 교회 지도자들을 선택해야 합니다. 그리고 성직자는 신자들에게 대다수 사람들의 복지 향상에 도움이 되는 일을 우선적으로 가르쳐야 합니다.

자, 이제는 사도전승의 로마가톨릭교회의 창립자 레오 10세 이후 추기경단이 어떻게 구성되었는지 살펴보겠습니다. 이 추기경단이 성직을 수여하는 사람들에게 요구하는 지식을 살펴보고, 다른 모든 정부의 본이 되어야 하는 성직을 통해서 빈곤층이 경험한 도덕적이고 물질적인 개선이 무엇인지 확인하며, 마지막으로 가톨릭 성직자들이 영성체 때 신자들에게 무엇을 가르치는지 살펴보겠습니다.

내가 가톨릭교회를 이단으로 고발하는 4가지 근거에 대해서, 그리스도인이라 자처하며 스스로 무오성(無誤性)을 주장하고 예수 그리스도의 대리인이라는 직함을 취하는 교황께서는 신비주의적 어법은 자제하여 명확하게 답변해주시기를 요청합니다.

첫째, 교황과 가톨릭교회를 다음과 같은 이유에서 이단이라 고발합니다.

가톨릭 성직자들이 영성체 때 신자들에게 가르치는 내용은 잘못됐고, 그들을 기독교의 정도(正道)로 인도하지 못합니다.

기독교는 신자들에게 빈곤층의 도덕적이고 물질적인 생활 조건을 조속히 개선하는 것을 지상 목표로 제시하고 있으며, 예수 그리스도는 수많은 빈곤층의 복지 향상을 위해 헌신적으로 일한 사람들에게 영생을 약속하셨습니다.

따라서 다른 모든 성직자들처럼 가톨릭 성직자들은 사회의 모든 구성원이 공익을 위해 열심을 내도록 이끌 사명이 있습니다.

그러므로 모든 성직자는 신자들에게 행하는 강론과 신자들과의 일상 대화에서 빈곤층의 생활 조건이 개선된다면 필연적으로 상위 계층의 실제적이고 현실적인 복지도 향상되는 것은 하느님이 부자를 포함해 모든 인간을 당신의 자녀로 여기시기 때문임을 자신들의 지성과 모든 재능을 활용해 입증해야 합니다.

그리고 아이들을 가르칠 때나 신자들에게 강론할 때, 하느님께 기도할 때, 온갖 의식과 교리를 행할 때와 마찬가지로 "인류 대다수가 도덕적이고 물질적으로 지금보다 훨씬 더 만족스러운 생활 조건을 누릴 수 있으며, 부자들이 빈자들의 행복을 증대시켜야만 자신들의 생활 조건도 향상할 수 있다"는 중요한 사실에 청중이 관심을 집중하도록 해야 합니다.

이상이 진정한 기독교가 성직자에게 요구하는 사항입니다. 이로써 가톨릭 성직자들이 자신을 따르는 신자들에게 주는 가르침에서 무엇이 악덕인지 쉽게 파악할 수 있을 것입니다.

교황과 추기경단의 승인하에 집필된 가톨릭 교리에 관한 모든 저작을 훑어보고 평신자든 성직자든 신자들이 암송하도록 교회 지도자들이 낭독하는 기도문 전체를 검토했는데, 그 어디에도 기독교의 목표가 명확히 나타나지 않았습니다. 기독교 윤리에 관한 사상이 아주 조금 비치기는 하지만 교리의 주내용은 아니었습니다. 내용이 상당히 많은 교리에 듬성듬성 아주 조금 흩뿌려져 있을 뿐입니다. 반면에 몇몇 신비주의적 개념들이 지겹게 반복되는데, 이 개념들은 길잡이 역할을 전혀 못하고 오히려 그리스도의 숭고한 윤리 원칙에서 신자들이 눈을 돌리게 만듭니다.

교황이 인정한, 엄청난 분량의 가톨릭 기도문 전체를 비논리적이라고 비난한다면 부당할 것입니다. 더구나 사람들은 그 기도문들이 체계적으로 구성되었고, 추기경단은 모든 신자를 같은 하나의 목표를 향해 이끌었다고 인정합니다.

하지만 그 목표는 분명 기독교의 목표가 아니라 이단적인 것인데, 그것은 신자들이 **성직자가 신자보다 능력이 더 뛰어나야 한다는 강요도 없는데** 자기 자신의 지식에 따라 처신할 수 없으므로 성직자들의 지도를 받아야 한다고 믿게 만듭니다.

가톨릭교회의 예배 의식 역시 교리 원칙들과 마찬가지로 신자들을 성직자에게 절대적으로 종속되게 만드는 것을 목적으로 합니다.

이상과 같이 교황과 가톨릭교회가 신자들에게 잘못된 가르침을 주면서 이단성을 띤다는 나의 첫 고발은 정당합니다.

둘째, 다음과 같은 이유에서 교황과 추기경들을 이단이라 고발합니다.

나는 그들이 신자들을 구원의 길로 인도할 수 있는 지식이 없음을 고발합니다.

나는 그들이 신학생들을 잘못 가르치고, 사제직을 부여할 신학생들에게 훌륭한 신부, 즉 맡은 양들을 잘 지도할 신부가 되는 데 필요한 학식을 요구하지 않음을 고발합니다.

신학은 신학교에서 가르치는 유일한 학문입니다. 교황과 추기경들이 관심을 가져야만 한다고 생각하는 유일한 학문이요, 신자들을 지도해야 할 신부나 주교, 대주교 등에게 성직자의 지도자들(추기경, 교황 등 고위 성직자)이 요구하는 유일한 학문입니다.

그런데 신학은 과연 무엇입니까? 나는 교리나 예배 의식과 관련된 문제들을 놓고 논증하는 학문이라고 생각합니다.

신학이라는 학문은 이단적 성직자들이 볼 때 모든 것 가운데 가장 중요합니다. 신학은 신자들이 사소한 일들에 관심을 쏟게 만들어서 그리스도인들이 이 땅에서 가장 중요하며 영생을 얻기 위해 품어야 하는 목표, 즉 빈곤층의 도덕적, 물질적 생활 환경을 조속하게 개선하는 목표에서 눈을 돌리게 만들 수 있는 수단이 되기 때문입니다.

그러나 신학은 진정한 그리스도인 성직자들에게는 그렇게 큰 중요성을 띨 수가 없습니다. 그들은 기독교의 윤리를 진정한 종교 교의(敎義)로 제시하겠지만 예배 의식과 교리는 단지 부차적인 요소로서 모든 그리스도인의 관심을 기독교 윤리로 향하게 하는 데 유용한 수단으로만 사용할 터이기 때문입니다.

로마가톨릭교회의 성직자들은 레오 10세가 교황 자리에 오르기 전까지는 교리에 충실한 정통파였습니다. 그때까지 성직자들은 모든 학문 분야에서 세속인들보다 뛰어나 빈곤층의 복지 향상에 기여했지만 레오 10세가 교황이 된 이후로는 이단적이 되었습니다. 오로지 신학에만 관심을 쏟는 바람에 순수 미술과 정밀과학, 산업적 능력에서 세속인들에게 뒤떨어졌기 때문입니다.

이상과 같이 교황과 추기경들이 지성을 잘못 사용하고 신학생들을 잘못 교육하고 있기에 이단이라는 고발은 정당합니다.

셋째, 다음과 같은 이유에서 교황을 이단이라 고발합니다. 교황은 세속의 어떤 통치자보다 더 빈곤층의 도덕적·물질적 이익에 반하여 통치하고 있기 때문에, 교황을 이단이라 고발합니다.

유럽 전역을 살펴보면 성직자들이 공익 기관의 구성원들 가운데 가장 악하고 가장 반(反)그리스도적이라는 사실을 알게 됩니다.

사도 베드로의 활동 무대였고 과거에 풍성한 성과를 냈던 광대한 지역이 교황의 태만한 통치 탓에 악취 나는 늪으로 변했습니다.

상당히 넓은 지역이 물이 닿지 않아 경작을 못하고 있는데, 이는 토질이 안 좋아서가 아니라 농부, 즉 성직자들이 좋은 것들을 거의 가져다주지 못했기 때문입니다. 배려도 충분한 이익도 제공하지 못하는 성직자를 찾는 사람은 거의 없고, 스스로 능력 있다고 느끼거나 자본을 소유한 사람들은 이런 성직자에게 자신을 맡기지 않습니다. 교황은 자신을 위해 모든 주요 작물뿐 아니라 온갖 생필품까지 독점했고, 그 독점권을 총애하는 몇몇 추기경들에게 양도합니다.[2]

마지막으로 성직에는 어떤 생산 활동도 존재하지 않습니다. 값싼 노동력으로 인해 매우 유리할 수 있는데도 말입니다. 이런 현상은 단지 관리상의 악습과 관계가 있습니다.

산업 분야 곳곳이 마비되었습니다. 가난한 사람들은 일이 없어서 교회 기관들, 즉 정부가 먹여주지 않으면 굶어 죽을 형편입니다. 자선 행위에 기대 사는 가난한 사람들은 제대

---

2 기본적 사회생활을 볼 때, 교황의 통치 행위는 오스만튀르크 황제의 통치보다 훨씬 더 악합니다. 최근의 예를 하나 들어보겠습니다. 로마에 사는 한 빵장수가 빵을 법정 가격에 팔지 않았다는 이유로 엄청난 벌금형을 받았습니다. 그가 벌금형을 받은 이유는 판매자가 구매자에게 마땅한 양보다 적은 양을 주어 구매자에게 손해를 입혔기 때문이 아닙니다. 정반대입니다. 이 잘못된 처벌로 인해 앞으로 판매자가 구매자를 상대로 과도한 이윤을 취하려 하는 죄를 범하게 되었습니다.
이처럼 불공정한 판결이 내려진 까닭은 쉽게 설명할 수 있습니다. 로마에 있는 거의 모든 빵집은 추기경들의 소유인데, 추기경들은 빵을 가능한 비싸게 팔려 합니다. 그래서 자신들의 이윤이 줄어드는 모든 행위를 범죄로 보는 것입니다.-원주

로 먹지 못하고 있고, 결국 그들의 물질적 삶은 불행합니다.

그런데 그들의 도덕적인 삶은 이보다 훨씬 더 불행합니다. 하는 일 없이 무위로 세월을 보내고 있기 때문인데, 무위는 불행한 나라에 만연한 모든 악과 강도질의 어미입니다.

이상으로 볼 때, 세속의 백성을 악하고 반기독교적으로 지배하는 교황을 이단이라 고발하는 세 번째 근거는 정당합니다.

나는 15세기 이후 존재했던 교황과 추기경들을 비롯해 현재의 교황과 추기경들이 이단임을 다음의 네 번째 이유를 들어 고발합니다.

우선 그들이 기독교 정신과 완전히 반대되는 두 기관, 즉 종교 재판소와 예수회 설립을 승낙한 일에 대해서 그리고 그 이후 죽 이 두 기관을 보호해온 것에 대해서 고발합니다.

기독교 정신은 온유와 선, 자비, 그리고 무엇보다도 충성이며 기독교의 무기는 설득과 논증입니다.

종교 재판의 정신은 독재와 탐욕이며 그 무기는 폭력과 잔인성입니다. 예수회의 정신은 이기주의며, 예수회는 속임수를 써서 그들의 목표, 즉 교회는 물론 세속에 대해 전반적인 지배권을 행사하려는 목표를 달성하려고 애씁니다.

종교 재판이란 발상은 극도로 악하고 반기독교적입니다. 심지어 종교 재판관들이 빈곤층의 도덕적·물질적 생활 환경 개선을 방해하는 잘못을 저지른 사람들만 처형했다 해도 말입니다. 실제 그렇다 해도(만일 그런 경우라면 모든 추기경을 화형대로 끌고 가야 했을지도 모릅니다), 그런 행동은 이단적으로 처신하는 것입니다. 예수가 교회에 폭력을 금하면서 예외를 인정하지 않으셨기 때문입니다. 종교 재판관들의 이단적 행태는 그들이 잔혹한 짓을 자행하며 주장한 행태와 비교해서만 용서받을 수 있을 것입니다.

종교 재판소가 유죄 판결을 내린 사건들은 자칭 교리나 종교 의식에 거스르는 죄 때문이 결코 아니며, 사실 그런 죄 역시 사형에 처할 만한 죄악이 아닌 가벼운 잘못으로 다뤄져야 했습니다.

그들의 판결은 언제나 가톨릭 성직자들이 절대 권력을 갖게 하는 데 목적이 있었습니다. 모든 상황에서 성직자들의 지배를 받겠다고 합의한 권력 있고 부유한 세속인들을 위해 빈곤층을 희생하면서 말입니다.

예수회에 관해서는 유명한 파스칼(Blaise Pascal)이 그 정신과 행동, 의도를 매우 잘 분석했기에, 나는 신자들에게 그의 『시골 친구에게 보내는 편지(Lettres provinciales)』를 읽기를 권하는 것으로 만족하겠습니다. 다만 최근의 예수회는 초기 예수회보다 훨씬 더 비열하다는 사실을 덧붙이겠습니다. 초기 예수회는 가톨릭교회에 들어온 악습들을 단지 연장하려 했던 데 반해 최근의 예수회는 프랑스 대혁명으로 사라진 우위, 즉 기독교 윤리에 대하여 예배 의식과 교리의 우위를 복귀시키려 하기 때문입니다.

구(舊)예수회는 기존 질서를 옹호했지만 신(新)예수회는 이제 막 확립되려는 옛 질서에 비해 훨씬 도덕적인 새 질서에 반발합니다.

오늘날의 사제들은 그야말로 적그리스도들입니다. 복음의 윤리에 완전히 반대되는 윤리를 가르치고 있기 때문입니다. 사도들은 원래 가난한 자들의 변호인이었지만 현재 사제들은 가난한 자들에 맞선 부자와 권력자들의 변호인이기 때문에, 가난한 자들은 세속의 도덕가들 가운데서 변호인을 찾을 수밖에 없습니다.

3장
개신교에 관하여

3장 개신교에 관하여

유럽의 정신은 15세기에 이르러 비약적으로 발전했습니다. 실제 유용성을 추구하는 갖가지 분야에서 놀라운 발견과 급속한 진보가 이뤄졌는데, 이는 거의 전부가 세속인들의 노고에 따른 결과였습니다.

아메리카 대륙을 발견한 것은 불굴의 천재 크리스토퍼 콜럼버스(Christopher Columbus)가 있었기 때문입니다. 포르투갈의 세속인들이 희망봉을 돌아 항해하면서 인도로 가는 새길을 열었고, 세속인들이 인쇄술을 발명하고 완성했습니다. 단테와 아리스토텔레스, 타소(Tasso)도 세속인이었고, 라파엘과 미켈란젤로, 레오나르도 다빈치 역시 세속인이었으며, 뉴턴이 모든 천체 현상을 관측할 수 있게 만든 3가지 법칙을 발견한 케플러 또한 세속인이었습니다.

유럽의 상업 활동을 활성화하고 확장시키며 농업과 제조업을 개선한 메디치가 사람들 역시 세속인이었는데, 이들은 사회적인 지위와 권세를 획득해 최고 가문의 대열까지 올라갔고, 말하자면 지배적인 위치에서 세속 권력을 행사했습니다.

이처럼 세속인들은 성직자들과 비교해 명백하게 우위를 점했고, 마찬가지로 비종교적이라는 평판을 받던 학문들은, 교회가 갇혀 있는 신적 윤리의 원칙들에서 나온 경계들을 넘어섰습니다. 이제 교황과 추기경들은 기독교 성직자들을 지도할 능력이 없고, 기독교 성직자들은 신자들을 인도할 상태가 아닙니다.

또 다른 면에서 볼 때도 교황청은 현재 지금까지 세습 귀족 계급에 대항해 서민 계급 내에, 귀족과 봉건 세력에 대항해 평민 계급 내에 가지고 있던 지지 기반의 상당 부분을 잃었습니다.

기독교의 창시자, 곧 예수님은 사회의 최하층 계급을 높이고, 대신에 명령하고 지배하는 계급의 위세는 낮추기 위해 쉬지 말고 힘쓰라고 사도들에게 명했습니다.

15세기까지 교회는 이런 기독교의 지침을 제법 잘 따랐습니다. 거의 모든 추기경과 교황이 평민 계급 출신이었고, 최하위 직업군에 종사하는 가정에서 나오는 경우도 빈번했습니다.

이런 방침에서 성직자들은 출생에 따른 특권 계급에게 부여하는 중요성과 경의를 줄이면서 재능에 따른 특권 계급을 늘리는 일을 끈기 있게 지향했습니다.

그러나 15세기 말 추기경단은 기존의 태도를 완전히 바꿉니다. 기독교의 지침을 포기하고 완전히 세속적인 정책을 채택합니다. 교권(敎權)은 세속 권력과 싸우기를 그만둡니다. 더는 사회의 최하층 계급과 일체가 되거나 그들을 중요시하지 않고, 출생에 따른 특권 계급 위에 재능에 따른 특권 계급을 더하려 노력하지 않습니다. 현세 교회의 노력과 업적으로 획득한 권위와 부를 지키려는 목적에서, 그리고 사회에 진정으로 이익이 되는 활동이나 노력은 전혀 하지 않으면서 권위와 부를 누리려는 목적에서 행동 계획을 세웁니다.

그 목적을 이루려고 추기경단은 그때까지 맞서 싸워왔던 세속 권력의 보호 아래로 들어갑니다. 왕들과 다음과 같은 반종교적인 계약을 맺습니다.

"우리는 신자들에게 행사할 수 있는 모든 영향력을 행사하여, 당신들에게 자유 재량권을 제정해주겠습니다. 우리는 하느님의 은총으로 당신들을 왕이라 선포합니다. 우리는 수동적인 복종의 교리를 가르치고, 종교 재판소를 설치해 어떤 절차도 따르지 않는 법원을 당신들이 소유하게 하며, 새로운 수도회를 설립해 예수회라고 이름 붙일 것입니다. 예수회는 기독교 교리와 완전히 다른 교리를 세워서 하느님 앞에서 가난한 자들의 이익에 반해 부자와 권력자들의 이익을 앞세우는 임무를 맡습니다.

우리는 당신들에게 이렇게 봉사하며 당신들의 세속 권력에 종속되기로 합의하는 대가로 요구하는데(세속 권력은 그 권리들이 원래 약육강식의 법칙에 근거하기 때문에 반종교적입니다) 하느님이 이익과 권리를 지켜주라고 우리에게 맡기신 극빈층을 배신한 데 따른 보상으로 현세 교회 사도들의 노고의 열매인 재산을 우리가 계속 지니게 해주고, 당신들의 전임자들이 우리에게 부여했던 명예와 금전적 특권을 계속 누리게 해주기를 요구합니다."

15세기 말에 추기경단이 작성한 이 불경한 계약서의 주요 조항들은 16세기 초에 이미 실행되었습니다.

바로 이 시기에 레오 10세가 교황의 직위에 올랐습니다. 이 일은 기독교 역사상 매우 주목할 만한 사건인데, 현재까지 기독교 사상가들에게 충분한 관심을 받지 못했습니다.

초대 교회의 지도자들은 모든 신자가 선정했고, 그들이 임명되는 유일한 동기는 가난한 자들의 행복을 위해 가장 헌신적이며 가장 많은 수를 차지하는 빈곤 계급의 도덕적이고 물질적인 생활 조건을 개선할 방법을 찾을 능력이 가장 크다는 점이었습니다.

성직자의 지도자들이 로마교황청의 지상권을 획득하고 그곳을 기독교 왕국의 중심지로 만들면서 성직자의 권력을 교황에게 집중했을 때 고위 성직자 선출을 결정하는 동기는, 주로 추기경단이 선호하면서도 출생에 따른 특권 계급을 재능에 따른 특권 계급의 힘으로 압도하는 데 필요한 능력을 최대한 많이 갖춘 후보인가 하는 점이었습니다.

그러나 레오 10세가 선출되는 데 결정적 동기가 된 것은 이와 달랐고, 어느 정도 기독교적 의도를 지닌 이전 선거인들을 이끌었던 동기와 대립되기까지 했습니다. 다시 말해 레오 10세를 선출할 때 추기경들은 자신들이 채택한, 즉 내가 앞서 언급한 행동 계획에 부합하게 처신했습니다. 오로지 성직자들의 부를 유지하고 세속적 쾌락을 증대하려는 목적에서 교황을 선출한 것입니다.

레오 10세는 왕들과 기질이 같았고, 결과적으로 교황직을 맡기에 전혀 적합하지 못했습니다. 실제로 그의 행실 전부가 교황으로서 갖게 된 권리보다 출생에 따라 얻은 특권에 더 가치를 두었음을 여실히 보여줬고, 그는 세속인 수장을 둔 명예 부대를 조직해 곁에 두었습니다. 그의 누이는 로마에 자택을 갖고 왕녀들을 곁에 두었는데, 이는 교황과 혈

족 관계여서가 아니라 이탈리아에서 가장 영향력 있는 세속 군주의 딸이라는 신분 때문입니다.

레오 10세는 시인과 화가, 건축가, 조각가, 학자 등을 보호 했습니다. 당시 이탈리아로 망명 온 모든 그리스 석학을 보 호했는데, 이것은 마치 세속 군주처럼 오로지 자신이 교황 직에 있는 동안 쾌락과 세속적 영예를 얻기 위해서였습니다. 진정한 교황이라면 그 시기에 중요한 모든 방면에서 비약적 으로 발전한 유럽의 정신을 활용해, 세속 권력의 세습적 요 구에 대항하고 여러 학자와 예술가, 기업가의 노력을 성직자 와 빈곤층의 이익과 결합했을 것입니다. 세속 권력의 기원은 앞서 말했듯이 반종교적입니다. 그들의 원초적인 권리는 정 복, 즉 약육강식의 법칙에 근거를 두었기 때문입니다.

처음에 면죄부는 교량이나 대로 건설과 같이 사회에 유용 한 작업에 대한 보상으로 배부되었습니다. 큰 부와 세속 권 력을 획득한 교황권이 이미 타락하기 시작했던 나중에는 신 자들에게 부여되었습니다. 교황들은 면죄부 판매에서 나온 막대한 금액을 처음에 의도했던 사용 목적에서 유용해 사 적 욕망을 채우고 성직과 관련된 자신들의 야망을 뒷받침하 는 데 썼습니다. 그러면서도 겉으로는 늘 공익을 위한 것이 라 포장했습니다.

레오 10세는 이런 행태를 완전히 바꿨습니다. 가면을 벗어, 도미니크 수도회를 통해 판매하는 교황청의 전면적 면죄부 수익은 자기 누이의 의상비로 사용될 것이라고 공개적으로 밝혔습니다.

레오 10세는 교황권을 마치 본래 세속 권력인 듯 이용하고, 모든 신자에 대해 세속 군주처럼 권한을 행사하려 했습니다.

카를 5세와의 외교 관계에서도 교황보다는 오히려 메디치가의 자손으로서 교섭했습니다. 그 결과 황제 카를 5세는 교황권을 더는 두려워하지 않게 되었습니다. 세속 군주들의 야망에 대항할 수 있었던 유일한 교회 권력에 더는 제지를 받지 않게 된 카를 5세는, 자신에게 유익하도록 보편 군주제를 수립할 계획을 구상했습니다. 샤를마뉴 대제 때부터 16세기까지 유럽의 세속 군주들 중 누구도 실행하려고 시도하지 않았던 이런 계획을 루이 14세와 나폴레옹 1세가 되살렸습니다.

이상이 루터가 교황청에 반발했을 때 유럽에 존재하던 유일한 종교, 가톨릭이 처한 상황입니다.

종교개혁가 루터의 작업은 자연히 두 부분으로 나뉩니다. 하나는 교황의 신앙 의무를 비판하고, 다른 하나는 교황청이 지배하는 가톨릭과는 다른 종교를 세우는 것이었습니다.

루터의 첫 번째 작업은 완성 가능했고 실제로 완성되었습니다. 그는 교황청을 비판함으로써 문명에 커다란 유익을 주었습니다. 그가 아니었다면 인간 정신은 교황권 때문에 윤리에 대한 시각을 아주 잃어버리고 미신적 견해들에 완전히 굴복되었을 것입니다. 교권의 타락이 사회로까지 퍼지지 않은 것은 루터 덕분입니다. 그러나 루터는 스스로 기독교를 재조직하려 시도하지는 않았기에 교황권 지상주의 교리들과 싸울 수는 없었습니다. 바로 이 두 번째 영역에서 루터는 후임자들에게 해야 할 일을 많이 남겼습니다. 루터가 구상한 개신교 역시 기독교의 한 이단에 불과하기 때문입니다. 교황청이 예수께서 사도들에게 주신 지침에서 벗어났다는 루터의 주장은 분명 옳습니다. 교황들이 제정한 종교 의식과 교리는 신자들의 관심을 기독교 윤리로 향하도록 만드는 데 적합하지 못하며, 오히려 그것들을 기독교에서 부차적인 요소로 다뤄야 한다고 선언한 것은 분명 옳습니다. 그러나 이 명백한 두 주장에도 불구하고, 교부들이 동시대인들에게 가르친 것과 동일한 방식으로 당대의 신자들에게 윤리를 가르쳐야 한다고 결론 내린 것은 부당합니다. 종교 의식에서 예술을 북돋워줄 수 있는 모든 매력적인 요소를 제거

50

해야 한다고 결론 내린 것 역시 부당합니다.

루터가 시작한 개혁의 교리적 부분은 부족했습니다. 그의 개혁은 불완전하며, 그 자체가 개혁되어야 합니다.

이런 이유로 나는 루터주의자들을 이단이라 고발합니다. 현 문명 상태의 그리스도인들의 수준보다 훨씬 낮은 단계의 윤리를 취했기에 그들을 고발합니다.

유럽의 여론이 가톨릭에 적대적인 데 반해 개신교에는 호의적이기는 하지만 나는 개신교의 이단성도 엄밀하게 밝힐 것이고, 따라서 이 문제를 아주 일반적인 방식으로 다룰 수밖에 없습니다.

예수는 사도들과 그 제자들에게 빈곤층의 생활 조건을 개선하는 데 가장 효과적으로 인류를 조직하라는 임무를 주셨습니다. 그러면서 교회에게 이 위대한 목적에 도달하기 위해서 온유한 태도를 취하고 오로지 설득과 논증만 사용하라고 권고하셨습니다.

이 과업을 완수하려면 많은 시간과 여러 작업이 필요합니다. 따라서 이 일이 아직까지 완결되지 못한 것도 당연합니다.

루터는 이 과업을 완수하는 데 어떤 부분을 감당했습니까? 어떻게 이행했습니까? 이 2가지를 밝히겠습니다.

그러기 위해서 먼저 4가지 중요한 사실을 차례로 살펴보겠습니다.

1. 예수께서 사도들에게 인류를 재조직하라는 임무를 주셨을 때 사회 조직의 상태는 어떠했을까요?

2. 루터가 개혁에 착수했을 당시 사회 조직의 상태는 어떠했을까요?

3. 루터가 교황청에 반발했을 당시, 가톨릭이 예수께서 사도들에게 주신 지침에 부합하기 위해 필요로 했던 완전한 개혁은 무엇이었을까요?

4. 루터가 행한 개혁의 내용은 어떤 것들이었을까요?

이상의 4가지 주요 문제들을 분석해서 루터주의는 이단임을 자연스럽게 추론해내겠습니다.

1. 예수께서 사도들에게 극빈층을 위해 인류를 재조직하라는 숭고한 임무를 맡기신 시대는 인류 문명이 아직 유년기였습니다.

당시 사회는 크게 두 계급으로 나뉘어 있었습니다. 지배 계급과 노예 계급이었는데, 지배 계급 또한 사회를 지배하고 모든 중요한 일자리를 차지한 귀족층과, 직접 지배하지는 않아도 법을 지켜야 하고 대체로 하급 일자리를 맡은 평민층이라는 두 계급으로 나뉘었습니다. 많은 위대한 철학자들도 사회 조직이 이와 다른 기반 위에 세워질 수 있다고는 생각하지 못했습니다.

도덕 체계가 아직 존재하지 않았습니다. 여러 가지 도덕 원칙을 단 하나의 원칙으로 연결할 방법을 그때는 아무도 찾아내지 못했기 때문이었지요.

종교 체계가 아직 존재하지 않았습니다. 일반 대중이 믿던 갖가지 신앙들이 온갖 신을 다 받아들였기 때문인데, 그 신들은 사람들에게 각기 다른, 심지어는 서로 대립되는 감정들을 불러일으켰습니다.

인간의 마음이 아직 박애 정신까지 고양되지 못했습니다. 애국심이 가장 자비로운 영혼이 느끼는 가장 일반적인 감정이었는데, 그것도 좁은 영토를 고려할 때 매우 제한적이었고 고대 국가에서 신민들에게 별로 중요하지 않았습니다.

단 하나의 국가, 로마가 다른 모든 국가를 지배했고 독단적으로 통치했습니다.

지구의 전체 규모를 아직 몰랐기에, 인류의 토지 소유 개선을 위한 일반적 계획을 전혀 구상할 수 없었습니다.

한마디로 기독교, 다시 말해 기독교 윤리와 종교 의식, 교리, 신봉자, 사제들은 전적으로 사회 관습과 도덕 및 사회 조직 밖에 있었습니다.

2. 루터가 개혁을 시작한 시기에는 인류 문명이 크게 진보했습니다. 기독교가 확립된 이후 사회의 모습은 이전과는 완전히 달라졌습니다. 사회 조직이 새로운 토대를 갖게 되었지요.

노예제는 거의 폐지되었고, 더는 세습 귀족이 지배권을 독점하거나 중요한 모든 일자리를 차지하지 않았습니다. 본질적으로 반종교적인 세속 권력이 교권을 지배하지 않고, 교권이 더는 귀족들에게 좌지우지되지 않았습니다. 교황청이 유럽의 제1왕궁이 되었으며, 교황권이 확립된 이후 모든 교황과 거의 모든 추기경이 평민층에서 나왔습니다. 재능에 따른 특권 계층이 재산에 따른 특권 계층이나 출생에 따른 특권 계층을 능가했습니다.

사회에 종교 체계와 윤리 체계가 결합되어 있었는데, 이는 하느님과 이웃에 대한 사랑이 신자들의 가장 일반적 감정에 통일된 특성을 부여했기 때문입니다.

기독교가 사회 조직의 기초가 되어 약육강식의 법칙을 대체했고, 더는 정복 권리가 가장 합법적인 권리로 여겨지지 않았습니다.

아메리카 대륙을 발견하고 지상의 영토 전체를 알게 된 인류는 가능한 지구의 많은 부분을 차지하기 위해 총체적인 계획을 세우게 됩니다.

평화적 역량이 자라고 동시에 정확성을 띠게 되었습니다. 예술이 다시 꽃을 피우고 관찰 과학과 산업도 비약적으로 발전하기 시작했습니다.

기독교의 진정한 기반인 박애 정신이 자비로운 사람들의 마음에 있던 애국심을 대체했습니다. 모든 사람이 동포를 실제로 형제처럼 대하지는 못해도 최소한 서로를 같은 아버지 밑의 자녀로 여겨야 한다는 점을 인정했습니다.

3. 만일 루터가 개혁을 완성했다면 다음과 같은 교의를 만들고 선포했을 테고, 교황과 추기경들에게 말했을 것입니다.

당신들의 선배들은 기독교 이론을 충분히 완성하고 충분히 전파했습니다. 유럽인들이 기독교에 충분히 젖어들었으니, 이제 당신들은 이 기독교 이론을 전반적으로 적용시키는 일에 전념해야 합니다. 진정한 기독교는 하늘에서뿐 아니라 땅에서도 인간을 행복하게 해야 하기 때문입니다.

이것은 신자들의 관심을 고정시켜야 하는 추상적 관념에 관한 이야기가 아닙니다. 감각적 개념들을 적절히 이용하고 인류가 이 땅에 사는 동안 도달할 수 있는 가장 높은 단계의 지복을 얻을 수 있도록 조합해서 기독교, 즉 세계적이며 유일한 보편 종교를 구성하자는 이야기입니다.

가난한 자들은 하느님이 지극히 사랑하는 자녀들이므로, 단지 모든 계층의 신자들에게만 설교하는 것에 그치면 안 됩니다. 현세 교회에서 획득한 모든 능력과 수단을 주저 없이 정력적으로 활용해 가장 많은 수를 차지하는 계층의 도덕적이고 물질적인 생활 조건을 신속하게 개선해야 합니다. 기독교의 예비적 준비 작업은 다 끝났습니다. 당신들은 선임자들이 수행한 과업을 더욱 만족스럽게 완수해야 합니다. 그 임무는 보편적이고 최종적인 기독교를 확립하고, 인류 전체를 신적 윤리라는 기본 원칙에 따라 조직하는 것입니다.

이런 과업을 완수하기 위해 당신들은 신적 윤리 원칙을 모든 사회 제도의 기초이자 목표로 제시해야 합니다.

사도들은 로마 황제의 권한을 인정해야 했습니다. "황제의 것은 황제에게 돌려주라"고 했는데, 이는 그와 싸울 만한 힘이 전혀 없었고 그를 적으로 만들지 않아야 했기 때문입니다.

그러나 오늘날 현세 교회의 작업 덕에 교권과 세속권의 지위가 각각 뒤바뀌었으니, 당신들은 황제의 후임자들에게 기독교는 이제 사람들에게 명령할 권리, 정복 또는 약육강식에 기초한 권리를 인정하지 않는다고 선언해야 합니다.

왕권을 합법적으로 만드는 유일한 방법은, 바로 왕정 체제의 목적이 부자와 권력자가 가난한 사람들을 압제하지 못하게 막는 것이라고 모든 왕에게 선언해야 합니다. 가장 수가 많은 계층의 도덕적·물질적 생활 환경을 개선하는 것이 그들의 유일한 의무이며, 필요하지 않은 곳에 공적 재산을 지출하는 일은 하느님의 적이 되는 범죄를 저지르는 일이라고 반드시 선언해야 합니다.

당신들은 세속권에 기독교의 윤리 원칙을 적용하게끔 강제하는 데 필요한 힘을 다 갖추고 있습니다. 왜냐하면 당신들의 지배권을 모든 국가 권력이 다 인정하고 있으며, 당신들에게는 유럽 전역에 파송된 성직자들이 있기 때문입니다. 성직자들은 도처에 있는 가장 많은 수를 차지하는 빈곤층의 생활 조건을 개선하는 일을 적극적으로 할 때에야, 모든 백성의 세속 기관들에게 지배적인 영향력을 행사할 것입니다.

교황 성부님, 저는 또 다른 문제를 살펴볼 텐데, 이 두 번째 문제와 관련해서 당신을 비난합니다.

기독교 국가인 두 나라가 전쟁을 한다면 두 나라 모두 잘못입니다. 기독교의 신적 토대이신 분이 모든 사람에게 서로를 형제 대하듯 행하라고 명하셨고, 분쟁을 끝내는 데 설득과 논증 외의 다른 방법은 금하셨기 때문입니다.

당신들은 국가들에 대해서 교황이 가진 모든 권력과 성직자의 영향력을 다 동원해 전쟁을 막아야 할 것입니다. 그런데 오히려 당신들은 대립 중인 국가의 성직자들이 각기 이교의 신에 불과한 군대의 신을 내세우고, 또 전투에 이어 「테데움(Te Deum)」이라는 감사와 찬송의 노래를 부르도록 허락하고 있습니다. 이 점에서 당신들의 행실은 전쟁을 벌이는 성직자들의 행실과 마찬가지로 완전히 반종교적입니다.

연합해야 힘이 생깁니다. 구성원들이 서로 대립하는 사회는 와해되기 쉽습니다. 성직자들이 다시 연합하도록 촉구하십시오.

그런데 이보다 훨씬 더 중요한 또 다른 연합이 있습니다. 나는 그리스도인들이, 모든 인류가 힘써 일하는 목표에서 연합되어야 함을 말하길 원합니다. 당신들이 이슬람교나 디포(Defoe)의 종교, 힌두교를 비롯해 모든 다른 종교와 세속 제도에 비해 기독교가 가진 우월성을 사람들에게 제시해야 하는 것은 명백하고 보편적이며 현실적이고 구체적인 목표에서입니다.

당신들이 각자 자기 분야에서 일하는 사람들에게 제시해야 하는 일반 목표는 가장 많은 수를 차지하는 계층의 도덕적이고 물질적인 생활 조건의 개선입니다. 그러므로 당신들은 이런 분야의 일을 더욱 북돋우며, 중요해 보일 수 있는 다른 일들에 비해 우위를 보장해주는 사회 조직을 만들어내야 합니다.

극빈층의 생활 조건을 가능한 신속하게 개선하는 데 가장 효과적인 기회는, 가장 진보한 인간 지성이 요구되는 대규모 작업들을 벌여야 하는 상황일 것입니다. 당신들이 이런 기회를 이끌어낼 수 있습니다. 이제 우리가 사는 지구의 규모를 알게 되었으니 학자와 예술가, 산업가들을 동원해 인류의 영토를 모든 면에서 가장 생산적이고 살기 쾌적한 곳으로 만들 작업 계획을 세우십시오.

당신들이 대규모 작업들을 진행하기로 당장 결정을 내린다면 가장 풍성한 적선으로 할 수 있는 일보다 훨씬 더 효과적으로 빈곤층의 생활 조건을 개선하는 데 기여할 것입니다. 그리고 이런 방법을 실제로 적용하면 빈자들과 마찬가지로 부자들도 손해를 보기는커녕 더욱 부유해질 것입니다.

지금까지 성직자들은 신자들에게 이 세상에서의 삶의 용도로 추상적인 목표, 곧 천국만을 제시했습니다. 그 결과 성직자들은 완전히 자의적인 능력에 집착해 상식에서 벗어난 불합리한 방법을 남용했습니다. 일례로 어떤 이들은 신자들에게 천국을 얻으려면 채찍으로 자기 몸을 쳐야 하고 다른 이들은 거친 옷을 입어 자기 몸을 괴롭혀야 하며, 또 어떤 이들은 생선을 먹어야 하고 또 다른 이들은 육식을 금해야 한다고 주장했습니다. 또한 날마다 엄청난 양의 기도문, 더구나 신자 대다수가 모르는 언어로 쓰였기에 거의 의미가 없는 기도문을 읽어야 한다거나 하루 대부분의 시간을 교회에서 무릎 꿇고 보내야 한다고 주장해 (사람들이) 빈곤층의 생활 조건 개선에 조금도 기여하지 못하게 했습니다.

성직자들의 이런 행태는 종교의 유년기에나 있을 수 있는 일이고 또 그래야만 했습니다. 이런 행태에 관한 한 우리의 사고가 명확하고 분명해진 오늘날에도 이와 같은 집단 기만이 존재한다는 것은 교황청에 수치스러운 일입니다. 물론 모든 그리스도인은 영원한 삶을 열망합니다. 그러나 이를 얻는 유일한 방법은 이 세상에서 인류의 행복 증진을 위해 일하는 것입니다.

교황 성하, 인류는 현재 지적으로 엄청난 위기를 겪고 있습니다. 3가지 새로운 역량이 모습을 드러냈습니다. 예술이 다시 번성하고 모든 학문 영역에서 지식이 더해지고 있으며 산업계에 대규모 결합들이 일어나, 지금까지는 세속권이든 교권이든 아무도 하지 않았던 조치들을 취하면서 빈곤층의 생활 조건 개선을 위해 더욱더 직접적으로 나아가고 있습니다.

이 3가지 역량은 평화적 성격을 띠므로 결국 이 역량과 화합하는 것이 당신과 성직자들에게 이득이 됩니다. 이 연합을 통해 당신들은 큰 장애물 없이 단기간에 빈곤층의 도덕적이고 물질적인 생활 조건을 개선하는 데 가장 유리한 방식으로 인류를 조직할 수 있습니다. 그렇게 되면, 그 기원과 주장이 반종교적인 황제의 권력은 완전히 소멸할 것입니다.

그러나 당신들이 예술과 학문, 대규모 산업 연합체들을 불경건하다거나 최소한 하느님이 기뻐하시지 않는 것들로 분류한다면, 중세 시대에 당신들의 선임자들이 인류에 대한 지배권을 얻기 위해 썼던 방법을 지속하려고 한다면, 인류의 행복을 위해 가장 중요한 것으로 계속 신비주의적인 사고를 제시한다면, 그렇다면 예술가와 학자, 산업가들은 황제와 결속하여 당신들에게 맞설 것입니다. 이들이 당신들의 불합리한 교리와 끔찍한 권력 남용에 대해 민중이 눈을 뜨게 할 테고, 그러면 사회적 지위를 유지하기 위해 스스로 세속 권력의 수단을 스스로 취하지 않으면 당신들은 다른 재원을 갖지 못할 것입니다. 황제는 이런 당신들을 이용해 당신들이 스스로 문명 발달을 가로막게 만들 것입니다. 계속 민중의 관심을 신비주의적이고 미신적인 사고에 고정하고, 예술과 관찰 과학, 산업 연합에서 가능한 한 벗어나게 하면서 말입니다. 당신들에게는 지금까지 대항했던 세속권을 존중하게 하는 것이 주요 관심사가 될 것입니다. 왕들에 대하여 수동적으로 복종하라고 가르치고, 왕들은 오로지 하느님에게만 자신들의 행동을 보고할 의무가 있으며 어떠한 경우에도 신하들은 왕들에게 복종해야 하고 복종을 거부하면 죄를 범하는 것이라고 정하는 것, 바로 이런 작업을 통해야만 당신들은 당신들의 명예와 부를 지킬 수 있을 것입니다.

교황 성하, 이제 아주 중요한 주제가 하나 남았습니다.

지금까지 계율의 통일성과 다르지 않던 교황의 통일성은 각기 다른 계층 출신의 성직자들을 결속시키기에 충분했습니다. 세속인들은 말할 것도 없이 성직자들 자체가 여전히 무지 속에 있었기 때문입니다. 오늘날에는 이 통일성이 더는 충분한 끈을 형성할 수 없기에, 당신은 성직자들의 모든 작업에서 실제적 목표의 통일성을 분명히 확립해야 합니다. 교황권이 이런 행위 각각을 공개적으로 설명하고, 가장 많은 수를 차지하는 빈곤층의 도덕적이고 물질적인 생활 조건 개선에 각기 어떻게 기여하는지 명확히 밝혀야 합니다.

교황들은 이제 속에 품는 동기만 중요시하는 일을 그만둬야 합니다.

4. 루터는 비판하는 데 매우 정력적이고 능력 있는 사람이었습니다. 오로지 이 영역에서만 커다란 능력을 보여줬습니다. 그래서 교황청이 기독교의 지침/방향을 떠났다는 점을 매우 신경질적이고도 완벽한 방식으로 증명했습니다. 교황청이 한편으로는 독단적 권력을 구성하려 하고, 다른 한편으로는 빈자들에 대적해 권력자들과 결속하려 했기 때문에, 신자들이 이를 개혁해야만 했습니다.

그러나 기독교의 개편과 관련된 이 작업들은 마땅한 수준에 훨씬 못 미쳤습니다. 기독교라는 종교의 사회적 중요성을 높이는 데 필요한 조치를 취하기는커녕 오히려 기독교를 출발 지점까지 후퇴시켰습니다. 그러고 나서 사회 조직 밖에 두었습니다. 결과적으로 황제의 권력에서 다른 모든 권력이 나온다고 인정하고는, 성직자들에게 세속권에 대해 보잘것 없는 청원권만 남겼습니다. 이런 조치로 인해, 평화적 역량들을 폭력적 열정과 군사력에 의존하는 인간들에게 영원히 예속되게 만들었습니다.

이렇게 해서 루터는 기독교 윤리를, 문명이 초기 그리스도인들에게 부과한 좁은 경계 안으로 몰아넣고 더욱 옥죄었습니다.

따라서 개신교인들이 채택한 윤리, 즉 현재의 문명 상태보다 훨씬 뒤처진 윤리를 이유로 개신교를 이단이라고 고발하는 것은 정당합니다.

나는 두 번째 이유로 개신교 신자를 이단이라 고발합니다. 그들은 부적당한 예배 의식을 취했으므로 이단입니다.

사회가 도덕과 물질적 환경에서 점점 더 완전해질수록 지적 작업과 육체노동은 더욱더 세분됩니다. 그렇기 때문에 일반적으로 인간의 관심은 예술과 학문, 산업이 발달함에 따라 점점 더 특수한 이익을 주는 대상에 집중됩니다.

이런 까닭에 사회가 발전할수록 종교 의식은 더욱 완전해져야 합니다. 종교 의식은 휴일에 정기적으로 모이는 사람들이 사회 모든 구성원에게 공통되는 관심거리로, 곧 인류의 보편적 관심거리로 주의를 기울이도록 하는 데 목적이 있기 때문입니다.

따라서 개혁가 루터와 또 그가 죽은 뒤 개혁 교회의 성직자들은 신자들이 공동의 이익에 관심을 고정시키기에 가장 알맞은 예배 의식을 모색해야 했습니다.

신자들에게 "모든 인간은 서로 형제처럼 대해야 한다"는 기독교의 근본 원칙을 철저히 설명하는 데 가장 유리한 방법과 상황을 연구해야 했습니다. 그래서 신자들이 근본 원칙에 친숙해지고 모든 사회관계에 적용하는 습관을 들여, 무슨 일을 하며 살든 이 원칙을 놓치는 일이 없도록 해야 했습니다.

사람들이 어떤 종류든 어떤 사상에 관심을 갖게 하고 그 방향으로 강하게 촉구하기 위해서는 크게 2가지 방법이 있습니다. 권고한 것과 다르게 행동할 경우 끔찍한 해악이 초래되리라고 공포심을 일으키거나 가르쳐준 대로 하려고 노력했을 경우 얻게 될 즐거움을 미끼로 제시하는 것입니다.

두 상황에서 가장 강력하고 효과적으로 행동을 북돋우려면 모든 수단, 예술이 제공할 수 있는 모든 가능성을 결합해야 합니다.

첫째가는 예술이라 할 수 있는 능변을 갖춰야 하는 설교자는, 이 세상에서 공개적으로 경멸당할 만한 인간이 처한 끔찍한 상태를 묘사함으로써 청중을 떨게 만들어야 합니다. 또한 박애를 다른 모든 감정보다 우선시하지 않는 인간을 향해 들어 올리신 하느님의 팔을 보여주어야 합니다.

그러면서 청중의 영혼에, 그들이 높이 평가하는 쾌락보다 우월한 쾌락을 고취하면서 가장 고결하고 강력한 감정을 개발해야 합니다.

시인들이 이와 같이 하려고 애쓰는 설교자들을 도와야 합니다. 예배 의식 때 일제히 낭송하기에 적합한 시구들을 만들어 모든 신실한 설교자에게 응답해야 합니다.

음악가들은 화음에 종교적 시정을 풍부히 담고 신자들의 영혼에 깊이 침투하는 음악적 특색을 전달해야 합니다.

화가와 조각가는 성전에서 그리스도인들이 기독교의 가장 본질적 활동에 관심을 갖게 만들어야 합니다.

건축가들은 설교자와 시인, 음악가, 화가, 조각가가 신자들의 영혼에 공포심과 기쁨, 소망을 마음껏 고취할 수 있도록 성전을 지어야 합니다.

이상이 예배 의식에서 기본적으로 제공되어야 할 사항이고, 예배 의식이 사회에 유익을 주는 방법입니다.

이런 관점에서 살펴볼 때 루터는 과연 무엇을 했습니까? 그는 개혁 교회의 예배 의식을 단순한 설교로 축소시켰습니다. 모든 기독교적 감정을 극도로 평범하게 만들어버리고, 예배당에서 모든 그림과 조각 장식을 몰아내버렸습니다. 음악을 제거하고, 가장 평범한 형태의 종교적 건물을 선호해 결과적으로 신자들의 마음에 공공의 복지에 대한 열정을 불러일으키는 데 도움을 주지 못했습니다.

개신교 신자들은 나의 견해에 반대할 것입니다. 가톨릭교회는 찬송을 많이 부르고 예배당이 회화와 조각 분야에서 대가들의 작품으로 장식되어 있지만 가톨릭 사제들의 강론보다 개신교 사제들의 설교가 공익을 위해서 청중에게 훨씬 더 유익합니다. 가톨릭 사제들이 강론하는 주목적은 언제나 교황의 영성체를 받는 신자들에게서 예배 경비와 성직자의 생계비를 충당하기 위해 가능한 많은 돈을 취하는 데 있기에, 결과적으로 개신교의 예배 의식이 가톨릭의 예배 의식보다 더 바람직하다는 사실을 부인할 수 없다고 나의 견해에 반대 근거를 댈 것입니다.

이 점에 대해 이렇게 대답하겠습니다. 내 작업의 목적은 개신교와 가톨릭 중 어디가 덜 이단적인지 조사하는 것이 아닙니다. 나는 정도는 달라도 양쪽 다 이단적임을 증명하는 일에 착수했습니다. 요컨대 어느 쪽도 진정한 기독교가 아닙니다. 15세기 이후 기독교는 버림받았다고 나는 증명하고 있습니다. 나는 기독교를 새롭게 함으로써 회복하는 작업을 시작했습니다. (본질적으로 박애주의적인) 기독교가 정화 과정을 감내해 모든 미신적이고 헛된 신념과 행위를 제거하도록 하는 것이 나의 목적입니다.

새로운 기독교는 보편적 윤리 원칙과, 공익을 희생하며 사익을 추구하는 술책 사이의 대립에서 보편적 윤리 원칙의 승리를 촉구합니다. 이 쇄신된 기독교는 모든 민중을 영구적 평화의 상태로 들어가게 할 것입니다. 인류의 보편적 이익을 희생시키면서 사익을 추구하는 국가에 대항해 모두가 단결하고, 지배층의 사사로운 이익을 위해 국가의 이익을 희생하는 반기독교적 정부에 대항해 연합하게 할 것입니다. 학자와 예술가, 산업가들을 결속시키고, 각 민족의 개별적 이익을 위한 지도자들과 마찬가지로 인류 전체를 위한 총 지도자들도 세울 것입니다. 또한 가톨릭이 불경한 세속 지식으로 분류했던 예술과 관찰 과학, 산업을 신성한 지식 위에 둘 것입니다. 마지막으로 신학을 배척하고, 영생을 얻는 방법으로 이웃의 생활 조건 향상을 위해 일하는 것 외의 다른 방법을 가르치는 모든 교리를 불경건한 것으로 간주하도록 촉구할 것입니다.

나는 휴일에 신자들이 관심을 기독교 윤리에 최대한 집중하게 할 수 있는 조건을 만들려면 예배 의식이 어떠해야 하는지를 분명히 밝혔습니다.

개신교의 예배 의식에는 신자들의 영혼에 공익에 대한 열정을 불러일으키기에 효과적인 보조 수단이 없다는 점을 분명하게 증명했습니다. 따라서 개신교가 이단이라는 나의 두 번째 고발은 정당합니다.

나는 개신교가 이단임을 세 번째 증거를 들어 고발합니다. 개신교는 잘못된 교리를 채택했습니다.

사람들이 아직 무지 가운데 있던 기독교 초기에는 사람들이 자연 현상을 연구하는 데 관심이 별로 없었고 인류의 야망이 지구를 지배하고 인간에게 유리하게 바꾸고자 할 정도로 고양되지 않았습니다. 그래서 지구에 대해 명확히 알 필요를 거의 느끼지 못했습니다. 그러다가 주로 자연에 영향력을 행사하고자 하는 어렴풋한 의지와 욕망에 기초한 강력한 열정에 따라 움직이기 시작했습니다. 세상을 개화해온 상업은 그때는 아직 기초 단계로만 존재했습니다. 소규모 부족들은 각기 다른 부족들에 대해 적대적이었고, 따라서 시민들은 자기네 도시 국가의 일원이 아닌 사람들과는 어떠한 도덕적 관계도 맺지 않았습니다. 이처럼 당시에는 박애 정신이 사변적 감상과 마찬가지로 아직 존재하지 않았습니다.

이 시기에는 모든 국가가 크게 주인 계급과 노예 계급, 둘로 나뉘었습니다. 기독교는 주인 계급에만 강력하게 영향력을 행사할 수 있었는데, 오직 이들만 자기 마음대로 자유롭게 행동할 수 있었기 때문입니다. 그리고 이 시기에 윤리는 기독교에서 가장 발달이 더딘 분야였습니다. 사회를 구성하는 두 계층 간 공동 의무에 대한 상호성이 전혀 없었기 때문입니다. 종교 의식과 교리가 윤리보다 훨씬 중요하게 제시되었습니다. 기독교가 기반을 두고 있는 실천과 믿음의 유용성에 대한 이성적 사유와 마찬가지로, 종교상의 의례가 다수 신자들은 물론 재단의 사제들을 습관적으로 사로잡아야 했습니다.

한마디로 기독교의 물질적 부분은 기독교 체제의 초창기에 가까울수록 중요한 역할을 감당했고, 정신적 부분은 인간의 지성이 발달함에 따라서 우위를 점하게 되었습니다.

오늘날 종교 의식을 단지 휴일에 신자들에게 박애주의적 관심과 감정을 불러일으키는 수단으로만 여겨서는 안 되며, 교리를 단지 정치적 대사건들이 돌발했을 때 신자들이 박애주의적 관심과 감정을 갖게 하거나 일상적 관계에서 기독교 윤리를 쉽게 적용하도록 돕는 용도의 해설집으로만 여겨서도 안 됩니다.

나는 이제 루터가 교의를 어떻게 생각했는지, 그가 교리에 관해 한 말과 개신교 신자들에게 권장한 사항들을 살펴보겠습니다.

루터는 기독교가 처음에는 완벽했으나 창설된 이후 계속 훼손되었다고 생각했습니다. 개혁가 루터는 중세 때 성직자들이 저지른 잘못에 모든 관심을 집중했고, 그렇기에 사제들이 문명 발달에 끼친 막대한 영향력과 평화적 작업을 하는 사람들이 사회에서 차지하는 중요성에 전혀 주목하지 않았습니다. 대신에 세속 권력의 영향력과 관심을 축소했습니다. 이 반종교적인 세속 권력은 본래 인간을 물질적 힘의 제국에 복종시키고 국가들을 자기 이익에 따라 통치하게 만드는 경향이 있습니다. 루터는 개신교인들에게 기독교 초기에 쓰여진 책들, 특별히 성경을 통해 기독교를 연구하라고 권했습니다. 그러면서 자신은 성경에 표현된 교리 외에는 어떤 것도 인정하지 않겠다고 선언했습니다.

이 선언은 마치 수학자나 물리학자, 화학자를 비롯해 많은 분야의 학자들이 자신이 연구하는 학문은 각기 그 학문을 처음 다뤘던 저작으로만 연구해야 한다고 우기는 것과 마찬가지로 불합리합니다.

나의 주장은 기독교의 창시자, 예수에 대한 믿음과 조금도 대립하지 않습니다. 예수는 당시 사람들이 이해할 수 있는 언어로만 말할 수 있었습니다. 그리고 기독교의 씨앗을 사도들의 손에 주었고, 그 귀중한 씨앗을 키울 임무를 교회에 맡겼습니다. 약육강식의 법칙에서 파생된 모든 정치적 권리와 극빈층의 도덕적·물질적 생활 환경을 개선시키는 데 장애가 되는 모든 제도를 없애야 하는 책임을 맡겼습니다.

결과를 연구하고 세심하게 분석해야 원인에 영향을 끼치는 충분한 자료를 얻고 확실하고 정확하게 판단할 수 있습니다. 나는 이런 절차를 밟아, 루터가 개신교인들의 관심을 오로지 성경에만 고정하는 실수를 저지름으로써 야기한 주요한 문제들을 하나씩 분리해서 살펴보겠습니다. 이 과정에서 도출되는 결론을 통해서 개신교가 이단이라는 나의 고발의 세 번째 근거가 자연스럽게 정당화될 것입니다.

개신교인들이 성경을 지나치게 깊이 연구함으로 인해 크게 4가지 문제점이 발생합니다.

(1) 오로지 성경만 연구함으로써 개신교 신자들은 긍정적 사고와 현재의 이익에 대해서 시야를 놓쳤습니다. 성경만 연구하여, 목적 없는 연구에 애정을 갖고 형이상학에 크게 매

력을 느끼게 되었습니다. 실제로, 개신교의 발생지인 독일 북부에서는 명성 있는 철학자들이나 인기 있는 소설가들의 모든 글에서 불확실한 사상과 감정이 지배적으로 나타납니다.

(2) 성경만 연구하면 온갖 단계의 수간과 근친상간같이 문명이 발달하면서 사라진 여러 가지 수치스러운 악들을 기억하게 되어 상상력을 해칩니다.

(3) 성경만 연구하는 것은 공익에 반하는 정치적 욕망에 관심을 집중시킵니다. 피통치자들을 절대적으로 실현 불가능한 평등을 확립하는 데 힘을 쏟도록 충동하고, 개신교인들이 공익을 위해 관찰 학문과 예술, 산업 조합에서 가장 능력 있는 사람들이 이끄는 정치 체계 형성에 일조하는 것을 막습니다. 사실 이런 정치 체계야말로 빈곤층의 도덕적·물질적 생활 환경을 개선하는 데 가장 직접적이고 효과적으로 기여하므로 인류가 도달할 수 있는 최선의 사회 체계인데 말입니다.

(4) 성경 연구에만 전념하는 사람들은 이 일을 다른 모든 것 중 가장 중요한 일로 여깁니다. 그 결과 성서공회가 조직되어, 해마다 성경을 수백만 부 보급하고 있습니다.

자칭 기독교적이라는 성서공회는 문명 상태에 적합한 교리를 생산하고 전파하는 데 힘을 쏟는 대신에 박애 정신을 가진 사람들에게 공익에 반하여 잘못된 방향을 제시하여 인류 발전에 도움을 준다고 믿지만 오히려 후퇴하고 있습니다. 후퇴라는 것이 가능하다면 말입니다.

이 4가지 사항에 근거해서 결론을 내린 이상 개신교가 이단이라는 나의 고발은 확고하게 정당합니다.

나는 개신교인들이 루터의 개혁이 얼마나 불완전하고 새로운 기독교에 비해 얼마나 수준이 낮은지 느끼도록 개신교를 매우 엄격하게 비판해야 했습니다. 그러나 루터의 작업을 살펴보면서 앞서 진술했듯이, 그의 수많은 잘못에도 불구하고 비판의 영역은 사회에 크게 기여했습니다. 더구나 나는 개신교를 기독교에 대한 최종적 개혁으로 바라보고 비판한 것이지 루터의 끈질긴 천재성을 공격한 것은 아닙니다. 그가 살던 시대, 그가 싸웠던 상황으로 거슬러 올라가보면 그가 개혁을 일으키고 실행하기 위해서 당시에 동원 가능한 최선을 다했음을 알 수 있습니다. 루터는 예배 의식과 교리에 앞서 윤리, 이것이 근대 문명의 빛에 상응하지는 못했어도, 윤리에 신자들의 주의를 고정시키면서 기독교의 새로운 개혁을 준비하도록 했습니다. 그렇지만 우리는 새로운 기독교를 개신교의 완성으로 여기지 않습니다. 내가 기독교의 근본 원칙을 제시하면서 소개하는 새로운 기독교는 지금까지 기독교가 겪어온 모든 종류의 개선에서 완전히 벗어납니다.

이쯤에서 멈추겠습니다. 보수주의자 씨, 이제 나는 당신이 새로운 기독교 교리를 판단할 수 있을 만큼 내 견해를 충분히 상술했다고 생각합니다. 내가 기독교의 정신을 제대로 통찰했다고 생각하시는지, 그리고 이 숭고한 종교를 쇄신하기 위한 나의 노력이 기독교 본래의 순수성을 변질시키는 것은 아닌지 말씀해주십시오.

보수주의자 당신의 견해를 주의 깊게 들었습니다. 듣는 동안 나 자신의 생각이 밝아지고 의심이 사라지며 기독교에 대한 사랑과 감탄이 더욱 커지는 것을 느꼈습니다. 유럽 전역을 개화시킨 기독교 종교 체계에 깊은 애정을 갖고 있지만 그렇다고 해서 이런 기독교를 완전하게 개선하는 게 가능하다는 사실을 이해 못 하는 것은 아닙니다. 이 점에서 당신이 나를 완전히 바꿔놓았습니다.

하느님이 교회에 주신 윤리 원칙, 즉 "모든 인간은 서로 형제처럼 대해야 한다"라는 원칙은 당신이 다음과 같은 가르침에서 이해한 모든 개념을 분명 함축하고 있습니다. 곧 "사회 전체는 극빈층의 도덕적이고 물질적인 생활 조건을 개선하기 위해 일해야 하고, 이 커다란 목표에 이르는 데 가장 적합한 방식으로 사회를 조직해야 한다."

또한 기독교 초기에는 이 원칙이 첫 문구로 표현되어야 했지만 오늘날에는 두 번째 문구로 표현되어야 한다는 사실 역시 분명합니다.

기독교가 생겨났을 때 사회는 정치적으로 매우 다른 두 계층으로 나뉘었다고 당신은 말했습니다. 주인 계급과 노예 계급, 이렇게 확연히 구분되면서 서로 섞여 살고 있는 두 계층으로 인류가 구성되었지요. 당시에는 두 계층 간에 도덕적으로 완전한 상호 관계가 성립되기가 전혀 불가능했습니다. 예수 역시 윤리 원칙을 주인과 노예를 연합하기 위한 하나의 관계로서 세우는 대신 인류 개개인에게 단지 의무로 규정하는 데 만족했습니다.

우리는 현재 노예제가 완전히 폐지된 시대에 살고 있습니다. 이제는 정치적으로 같은 종류의 사람들만 존재하고, 계층은 미묘한 차이에서만 구분됩니다. 당신은 이런 상황에서 기독교의 근본 원칙은 대다수 사람들이 서로 의무적으로 지키기에 가장 적합한 형식으로, 그러면서도 개개인의 기존의 관계가 끝나지 않는 방식으로 제시되어야 한다고 결론 내립니다. 나는 당신이 이렇게 결론 내린 것이 정당하고 또 매우 중요하다고 생각합니다. 앞으로 나 역시 새로운 기독교가 전파되도록 당신에게 힘을 합치겠습니다.

그러나 이 점과 관련해 당신 작업의 전반적 진행에 대해 몇몇 소견이 있습니다. 기독교의 원칙을 표현한 당신의 새로운 문구 속에 사회 조직에 관한 당신의 모든 체계가 들어갑니다. 그 체계는 현재 학문과 예술, 산업 분야의 철학적 고찰에, 그리고 문명사회에 가장 보편적으로 전파된 종교적 감정, 즉 기독교 감정에 기초하고 있습니다.

좋습니다! 당신 사상의 테마인 그 체계를 왜 우선적으로, 가장 고상하고 가장 대중적인 종교적 관점에서 제시하지 않았습니까? 당신은 기독교로 사람들에게 곧장 나아가지 않고 왜 산업가와 학자, 예술가에게 호소합니까? 마찬가지로 당신의 기독교 교리를 지체 없이 확립하지 않고 왜 가톨릭 신자과 개신교 신자를 비판하는 데 귀중한 시간을 허비합니까? "제대로 비판했지만 자신의 견해를 제대로 정립하지 못했다"라고 루터를 비판했던 당신의 말로 바로 당신이 사람들의 비판을 받고 싶은가요?

인간의 지적 능력은 매우 미약합니다. 그 능력을 단일한 목표에 집중시키고, 같은 지점으로 이끌 때 큰 효과를 내고 중요한 결과를 얻게 되는 것입니다. 왜 당신의 지적 능력을 이론을 정립하는 데 쓰지 않고 비판하는 데 사용합니까? 왜 처음부터 단호하게 새로운 기독교라는 문제를 공략하지 않습니까?

당신은 가장 많은 수를 차지하는 빈곤층이 종교에 무관심하지 않게 할 수 있는 방법을 찾았습니다. 빈곤층은 자신들의 물질적·도덕적 생활 환경을 조속히 개선하는 것을 목표로 선언한 기독교에 더는 무관심할 수 없기 때문입니다.

기독교의 근본 원칙을 완전히 새로운 특징과 함께 되살렸으니, 당신의 첫 관심은 이 쇄신된 원칙에 대한 지식을 가장 직접적으로 관계된 계층이 받아들이도록 확산하는 일이어야 하지 않습니까? 그렇게 하면, 이 계층만으로도 나머지 다른 모든 계층을 합친 것보다 훨씬 수가 많으므로 확실히 당신의 시도는 성공할 가능성이 있습니다.

먼저 당신이 가톨릭 신자와 개신교 신자들을 공격하는 데 수많은 지지자들의 지원을 얻어야 했습니다.

그러니까 당신 견해의 강점과 풍요, 반박 불가능성을 명확히 인식했을 때 곧바로, 어떤 정치적 난관이나 커다란 반박이 확산될 것에 대해 미리 조심하거나 걱정하지 말고, 교리를 정립했어야 했습니다.

당신은 이렇게 주장합니다. "기독교의 윤리 원칙에 따라 사회가 편성되어야 하고, 모든 계층이 가장 수가 많은 계층의 도덕적이고 물질적인 생활 조건이 개선되도록 협력해야 하며, 모든 사회 제도가 이 위대한 종교적 목적을 위해 단호하고 직접적으로 가능한 최선을 다해 힘을 합쳐야 한다. 현재의 지식과 문명 상태에서는 어떠한 정치 권리도 더는 개인을 위해 약육강식의 법칙, 다수에 대한 정복 권리에서 생겨나서는 안 된다. 왕권은 왕이 빈곤층의 도덕적이고 물질적인 생활 조건을 개선하는 데 부자들이 협력하게 할 때만 합법적이다."

이런 당신의 교리가 부딪힐 수 있는 난관은 무엇일까요? 당신의 교리를 지지하려는 사람들 수가 그것을 받아들이지 못하게 방해하려는 사람들보다 훨씬 많지 않을까요? 이 교리의 지지자들은 신적 윤리의 원칙에 기대는 데 반해 반대자들은 예수회의 이기주의적 신조가 옹호하는 무지와 야만의 시대에 체결된 관습 외에 다른 공격 수단이 없습니다.

요컨대 나는 당신이 교리를 즉각적으로 전파하고, 문명화된 모든 나라가 그것을 채택하도록 선교단을 준비시켜야 했다고 생각합니다.

개혁가 새로운 기독교의 신자들은 초대 교회 신자들과 동일한 특성을 발전시키고 동일한 길을 따라가야 합니다. 자신들의 교리를 다른 사람들이 채택하도록 할 때는 오로지 지성의 힘만 사용해야 합니다. 오로지 설득과 증명을 사용해 가톨릭이나 개신교 신자들을 회심하게 만들어야 합니다. 증명과 설득을 통해서 길 잃은 그리스도인들이 교황식의 종교나 루터주의로 오염된 이단을 포기하고 새로운 기독교를 주저 없이 받아들이도록 결심하게 해야 합니다.

새로운 기독교는 원시 기독교와 마찬가지로 윤리의 힘과 강력한 여론의 지지를 받아 추진되며 보호받을 것입니다. 불행히도 폭력 행위, 부당한 비난을 야기한다면 새로운 기독교의 신자들이 그 폭력 행위와 부당한 비난을 감내하게 될 것입니다. 그러나 어떤 경우에도 그들이 적들에 대항해 물질적 힘을 사용하는 일은 없을 것입니다. 어떤 경우에도 심판자나 형리의 모습을 띠지 않을 것입니다.

내가 기독교를 근본 원칙의 변모를 감내하면서 쇄신할 방법을 찾은 다음에 우선 주의를 기울인 일은, 빈곤층이 새로운 교리 표명을 위해 부자나 정부에 대항해 폭력을 행사하는 일이 벌어지지 않도록 필요한 모든 대비를 하는 것이었습니다.

나는 새로운 기독교 교리가 부자와 권력가들의 이익에 전혀 반하지 않는다는 인상을 주면서 그들이 새 교리에 호의적인 태도를 갖도록 그들에게 먼저 호소해야 했습니다. 부유층의 수익 향상을 지향하지 않고 다른 방법으로는 빈곤층의 도덕적·물질적 생활 환경을 개선하는 것이 명백히 불가능했기 때문입니다.

예술가와 학자, 산업체 수장들이 자신들의 이익이 대다수 민중의 이익과 본질적으로 같음을, 그리고 그들이 수장인 것과 마찬가지로 자연스럽게 노동자 계급에 속하며, 대다수 민중의 동의가 그들의 위대한 작업에 어울리는 유일한 보상임을 의식하게 해야 했습니다. 나는 이 일이 가장 중요하므로 여기에 역점을 둬야 했습니다. 이것이 국가들에게 진정으로 신뢰할 만한 지침, 즉 여론을 이끌고 다수 계층의 이익에 유리한지 불리한지 정책들을 올바르게 판단하도록 돕는 지침을 제공하는 유일한 방법이기 때문입니다. 마지막으로 나는 가톨릭 신자와 개신교 신자들이 어느 때에 길을 잘못 들어섰는지 정확히 보게 해야 했습니다. 그래야 바른 길로 돌아올 방법을 찾기가 쉽기 때문입니다. 가톨릭과 개신교 성직자들의 회심이 새로운 기독교에 강력한 도움이 되므로 이 점에 심혈을 기울일 것입니다.

이런 설명에 이어 나의 견해를 계속 전개해나갈 것입니다. 기독교에서 파생한 온갖 이단 종파를 계속 관찰하겠습니다. 그중에서 가장 비중 있는 종파인 성공회는 영국이라는 국가 기관과 밀접한 관련이 있어서, 그 국가 기관에 알맞게 구상될 수밖에 없습니다. 이런 견해는 앞서 언급했듯이 유럽과 아메리카 대륙의 영적인 또는 세속의 갖가지 기관들을 검토할 때 함께 다루겠습니다. 그리스정교는 현재 유럽 체제 밖에 존재하므로, 그 종교는 언급할 것이 없습니다. 더구나 이런 이단들에 대한 비판적 요소들은 개신교의 비판적 요소들 안에 전부 포함되어 있습니다.

하지만 나의 목적은 단지 가톨릭과 개신교가 이단임을 증명하는 것이 아닙니다. 기독교를 완전히 쇄신하기 위해서 기독교가 모든 옛 종교를 압도하게 만드는 것으로는 충분하지 않습니다. 여기에 더해 종교 밖의 온갖 철학 학설들보다 과학적으로 탁월함을 입증해야 합니다. 이에 대한 전개는 두 번째 대화를 위해 남겨두겠습니다. 지금 당장은 나의 작업

전체를 개관하겠습니다.

인류는 끝없이 진보했는데, 지식을 늘리고 문명을 완성해 나가는 데 늘 동일한 태도와 방법을 사용하지는 않았습니다. 15세기 이후 현재까지를 관찰해보면 인류는 기독교가 생긴 이래 15세기까지 따랐던 것과는 반대되는 방법을 실행했습니다.

기독교 창설 이후 15세기까지 인류는 주로 유기감정(有機感情)의 통합과 통일된 보편 원칙을 정립하고, 출생에 따른 특권 계급 위에 재능에 따른 특권 계급을 더하려는 목적으로 일반 기관을 창설했으며, 이렇게 공익에 모든 개인의 사익을 복종시키는 데 관심을 가졌습니다. 이 기간에는 사익이나 개별 현상, 부차적 원칙들을 준수하지 않았고 대다수 사람들이 이를 중요하게 여기지 않았습니다. 여기서 부차적 원칙들은 일반 현상과 보편 원칙에서 추론되어야 한다는 지배적 견해가 형성되었습니다. 순전히 사변적 사실에서 나온 견해였습니다. 이것은 인간의 지성이, 직접적 귀결로 모든 특수성을 추론해낼 수 있을 만큼 정확한 보편성을 정립할 방법이 없었기 때문입니다.

가톨릭과 개신교에 대한 이번 관찰은 이런 중요한 사실과 관련됩니다.

루터의 반항의 결과로 유럽에서 교권이 붕괴된 15세기 이후, 인간 정신은 가장 보편적 시각에서 멀어져 특정 분야에 몰두했습니다. 개별 현상들을 분석하고 사회의 각기 다른 계층의 사적 이익에 전념했지요. 그러한 지식들의 갖가지 분파에 기초를 제공할 수 있는 부차적 원칙들을 놓는 데 열심이었습니다. 그리고 이 두 번째 시기에 인류의 보편 현상과 보편 원칙, 공익을 고려하는 일은 모호하고 관념적일 뿐이고 지식 발전이나 문명 완성에 효과적으로 기여하지 못한다는 생각이 확립되었습니다.

이렇게 해서 인간 정신은 15세기 이후, 그전까지 걸어왔던 길과 반대의 길을 갔습니다. 확실히 그 결과로 지식의 각 분야에서 거둔 중요하고 긍정적인 발전은, 중세에 살았던 우리 선조들이 개별 현상이나 부차적 원칙, 사익에 대한 분석적 연구의 효용성을 하찮게 여긴 것이 얼마나 결정적인 실수였는지 여실히 증명합니다.

하지만 15세기 이후 일반적 현상이나 보편 원칙, 공익 연구를 포기하게 해 사회에 매우 큰 해악을 초래한 것 역시 사실입니다. 이런 현상의 결과 이기주의가 만연해 모든 계층과 개인에게 지배적이 되었습니다. 모든 계층과 개인에게서 지배적 현상이 된 이기주의로 인해 세상의 황제는 15세기 이

전까지 잃었던 대부분의 정치 권력을 쉽게 되찾을 수 있었습니다. 이 시대의 모든 정치적 병폐는 바로 이런 이기주의 때문입니다. 이 병폐는 사회에 유익한 모든 노동자에게 고통을 주고, 가난한 자들의 임금 대부분을 왕들이 빨아들여 사적 용도로, 그의 추종자와 사병들이 쓰게 하며, 왕과 출생에 따른 특권 계급들이 직접적이고 긍정적인 유익을 주는 공공 사업에 들어가는 비용을 대려고 학자와 예술가·산업가들에게 세금을 엄청나게 부과했습니다.

따라서 일반 현상과 보편 원칙, 공익에 관한 지식을 완성하려는 목표로 하는 연구가 개별 현상과 부차적 원칙, 사익 연구를 목표로 하는 지식과 마찬가지로 앞으로 사회의 보호를 받는 것이 바람직합니다.

이상이 우리가 두 번째 대화에서 전개할 사상을 요약한 것입니다. 그 대화의 목적은 기독교를 이론적이고 과학적인 관점에서 설명하고, 종교와 과학을 막론하여 모든 개별 철학 이론에 대해 기독교 이론의 우위를 확립하는 것입니다.

마지막으로 세 번째 대화에서, 새로운 기독교 또는 최종적 기독교에 대해 직접 논하겠습니다. 새로운 기독교의 윤리와 종교 의식, 교의를 설명하고 새로운 기독교 신자들을 위한 신앙 고백을 제안하겠습니다.

새로운 기독교의 교리만이 유일하게 현 유럽의 지식과 문명에 적합한 사회적 교리임을 보여주겠습니다. 이 교리를 채택하는 것만이 15세기에 교권에 세속 권력이 침입한 결과 나타난 엄청난 불합리를 개선하고, 이어서 교권을 새로운 기초 위에 재조직하며 세속 권력의 무제한적 자만에 제동을 걸 수 있는 힘을 제공하여 더 이상의 침범을 막을 수 있는 가장 평화적이고 최선의 방법임을 증명하겠습니다.

또한 새로운 기독교를 채택하면, 지식의 보편성과 관련된 작업과 각 특수성의 완성을 목표로 하는 작업을 한꺼번에 다루게 되므로, 다른 일반 수단을 동원했을 때보다 훨씬 더 문명의 발달이 가속화된다는 사실도 입증하겠습니다.

이제 기독교의 계시에 관한 저의 생각을 솔직히 밝히면서 이 첫 대화를 끝마치겠습니다.

우리는 실증적이고 전문적인 효용에 관한 학문에서 확실히 선조들을 능가합니다. 우리가 수학과 물리학, 화학, 생리학에서 크게 발전한 것은 단지 15세기 이후이고 그것도 주로 18세기 초 이후부터입니다. 그런데 사회를 위해서 물리학이나 수학 지식보다 훨씬 중요한 학문이 하나 있습니다. 바로 사회를 구성하고 사회의 기초가 되는 윤리학인데, 이

윤리학은 물리학이나 수학과는 정반대의 길을 걸어왔습니다. 1800년 훨씬 이전에 윤리학의 근본 원칙이 세워졌는데, 그 이후 천재적인 사람들 누구도 기독교의 창시자, 예수가 제시한 것보다 보편성이나 정확성에서 더 우월한 원칙을 찾아내지 못했습니다. 더욱이 이 원칙을 놓쳐 우리 행동의 일반 지침으로 삼기를 그만둔다면 사회는 당장에 세속 황제의 억압 아래로, 즉 윤리적 근본 원칙이 지적 능력 아래 있었던 물질적 힘으로 지배하는 제국으로 다시 추락하고 맙니다.

이제 나는 묻습니다. 1800년 전에 인류의 규정적 원리를 만들어냈고 그 결과, 인류가 물리학과 수학에서 큰 발전을 이룬 15세기 이전에 윤리의 근본 원칙을 만들어낸 지성이 있다면 그 지성은 분명 초인적 성격을 띠지 않을까요? 그리고 기독교 계시에 관해 이보다 더 큰 증거가 존재할까요?

맞습니다. 나는 기독교가 신이 만들어낸 기관임을 믿고, 하느님이 인간의 모든 제도가 이 기독교의 숭고한 교리의 근본 원칙에 복종하도록 애쓰는 사람들을 특별히 보호하심을 확신합니다. 나 자신 백성과 왕들이 기독교의 진정한 정신을 상기하도록 하는 신적인 소명을 수행한다는 사실 또한 확신합니다. 이 일을 하는 나를 하느님이 특별한 방식으로 보호하고 계심을 확고히 믿으므로, 나는 신성동맹(Sainte-Alliance)[1]이라는 신성한 이름으로 연합한 유럽 왕들의 행동에 대해서 주저 없이 충고합니다. 그들에게 직접, 감히 담대하게 말씀드립니다.

군주들이여,

하느님과 기독교 신자들이 볼 때 당신들이 행사하는 권력의 본질, 성격은 무엇이겠습니까?

당신들이 세우려고 하는 사회 조직의 제도적 기반은 무엇이겠습니까? 빈곤층의 도덕적·물질적 생활 조건을 개선하기 위해서 당신들은 어떤 조치들을 취했습니까?

당신들은 스스로 그리스도인이라고 하면서 권력의 토대를 여전히 물리력에 두고 있고, 세상 황제의 후계자일 뿐이며, 진정한 그리스도인의 최종 목적은 본질적으로 일시적인 칼의 힘, 즉 황제의 권력을 완전히 없애는 데 있다는 사실을 잊었습니다.

---

1 1815년 9월 나폴레옹전쟁이 막을 내린 직후 러시아 차르 알렉산드르 1세의 제안으로 기독교의 이름으로 혁명에 맞서기 위해서 형성된 유럽 왕정 국가 간의 연합체. 영국, 교황청, 오스만제국을 제외하고는 모든 유럽 국가가 가입했다.-역주

당신들이 사회 조직의 기초를 두려고 했던 것이 바로 이런 황제의 권력이었습니까? 당신들에 따르면 지식의 발달로 요구되는 모든 개선을 주도하는 일은 오직 황제의 권력에 속합니다. 이 끔찍한 체제를 유지하려고 당신들은 200만 명을 무장시키고, 모든 법정에 당신들의 원칙을 강요하며, 황제의 권력이 바로 기독교 사회의 제어 권력이라는 이단 사설을 공공연히 가르치는 가톨릭, 개신교, 그리스정교의 성직자들을 만들어냈습니다.

당신들은 당신들이 연합한 상징으로 백성을 기독교로 돌아오게 하고, 그들이 우선적으로 평화를 누리게 하는 이익을 주었지만 그럼에도 불구하고 백성들에게 어떠한 인정도 받지 못했습니다. 당신들이 공익이라며 제시하는 술책에는 당신들의 사익이 너무나 우세합니다. 당신들이 쥐고 있는 유럽의 지상권(至上權)은 마땅한 기독교 권력과 거리가 멉니다. 당신들의 처신은 물리력, 반기독교적 힘의 온갖 특성과 상징만을 보여주고 있습니다.

당신들이 신성동맹이라는 이름으로 연합한 이후 취한 중요한 조치들, 그 모든 조치가 빈곤층의 처지를 현세대뿐 아니라 다음 세대까지 악화시키고 있습니다. 당신들은 고용한 병력과 추종자들의 사치스러운 생활에 들어가는 늘어난 비용을 충당하려고 세금을 올렸고, 해마다 올리고 있습니다. 당신들이 특별히 보호하는 신하들, 귀족층 역시 군사력을 유지하려고 온갖 세금을 만들었습니다.

당신들의 행태는 비난받아 마땅하지만 그럼에도 몇 가지 조건하에 원상회복한다면 용서받을 수 있을 것 같습니다. 당신들은 한 가지로 인해 잘못을 저지르게 되었습니다. 그 것은 최근에 황제의 권력을 넘어뜨리기 위해 공동 승인을 받아들인 것입니다. 당신들은 황제 권력에 맞서 싸우기 위해 아주 그리스도인답게 행동했습니다. 그러나 그것은 단지 나폴레옹이 획득한 황제의 권력이 당신들의 상속받은 권력 보다 훨씬 강력했기 때문입니다. 당신들의 행동에 대해 변명할 구실이 하나 더 있습니다. 그것은 바로 성직자들인데, 벼랑 끝에서 멈춰 선 당신들을 그들이 이끌고 벼랑으로 돌진했다는 것입니다.

군주들이여,

내 입을 통해 말씀하시는 하느님의 음성을 듣고 선한 그리스도인으로 돌아오십시오. 돈을 주고 고용한 군대와 귀족, 이단적 성직자, 타락한 재판관들을 더는 주요 지지자로 여기지 마십시오. 대신에 기독교의 이름으로 연합하고 기독교가 권력자들에게 부과하는 모든 의무를 이행하십시오. 기

독교는 권력자들에게 가난한 자들의 사회적 행복을 조속히
향상하는 데 모든 힘을 다 쏟으라고 명하고 있음을 기억하
십시오.

편집자 해제

계급 투쟁을 발견한 생시몽,
『새로운 그리스도교』로 유토피아적 사회주의를 꿈꾸다

사회의 역사를 계급 투쟁의 역사로 처음 본 사람은
마르크스가 아니라 생시몽이다

우리는 카를 마르크스가 "사회의 역사는 계급 투쟁의 역사다"라고 말한 최초의 사람으로 알고 있다. 그러나 이 말을 처음 한 영예는 마르크스가 아닌 생시몽에게 돌아가야 한다.

카를 마르크스와 프리드리히 엥겔스가 공동으로 작성한 '공산주의자당 선언'은 "지금까지 모든 사회의 역사는 계급 투쟁의 역사"[1]라고 시작한다. 그래서 우리는 사회의 역사를 계급 투쟁의 역사로 본 사람을 카를 마르크스와 프리드리

---

1 카를 마르크스, 「공산주의자당 선언」, 『프리드리히 엥겔스 저작선집』 1권, 박종철출판사, 1997, p. 400.

히 엥겔스로 알고 있다. 그런 이 공산주의당 선언이 쓰여지기 전 청년 마르크스와 청년 엥겔스에게 모든 사회의 역사는 계급 투쟁의 역사임을 가르쳐준 사상가가 이미 있었다. 바로 그가 '공상적 사회주의자 3인 오언, 생시몽, 푸리에' 가운데 한 명으로 알려진 생시몽이다.

생시몽은 '가장 많은 수를 차지하는 빈곤층의 도덕적·물질적 생활 환경을 개선'하기 위한 해법으로 새로운 그리스도교가 필요하다고 주장하였다. 마르크스는 생시몽에게서 사회의 역사는 계급 투쟁의 역사라는 사적유물론적 요소는 받아들였지만 생시몽이 주장했던 방법으로서의 새로운 그리스도교는 거부하고 1848년 유럽 혁명과 1871년 파리 코뮌의 역사적 경험을 분석하여 프롤레타리아 독재론을 대안으로 제시하였다. "가장 많은 수를 차지하는 빈곤층의 도덕적·물질적 생활 환경을 개선"하기 위해서는 각 시대마다 질문이 달랐고 그 해법도 달랐다. 그리고 이 해법들은 일직선으로 진행되는 것이 아니다.

생시몽은 사회사상사에서 '공상적 사회주의자 3인인 오언, 생시몽, 푸리에' 가운데 한 명으로서 언급되지만 그의 저서는 국내에 전혀 번역되지 않았다. 하지만 우리가 생시몽의 『새로운 그리스도교』를 기획, 번역한 이유는 여기에만 있지 않다. 우리의 목적은 산업혁명과 프랑스 대혁명을 두 축으로 하는 근대가 시작된 이후에 사상사 자체가 일직선으로 발전한 게 아니라는 것을 보여주려는 것이다. 생시몽을 같이 읽음으로써 사회사상을 공부할 때의 조급한 목적론에서 벗어나고자 하는 것이다.

하나의 사상 A가 이전 시대의 [상황 A]에서 나오면, 다음 시대의 [상황 B]에서 그다음 사상인 B가 나오더라도 이전 사상인 A는 사라지지 않는다. A, B 각각의 사상이 나올 당시의 [상황 A]와 [상황 B]가 완전히 해결되지 않은 상태에서 [상황 C]가 되면 새로운 사상인 C는 A, B를 다 버린 사상이 아니라 A의 변형인 A′나 B의 변형인 B′이거나 A+B가 될 수 있다. C를 분석할 때 C 이전의 A, B를 과거의 사상이기에 아무런 의미가 없다고 간주하고 버리면 사실상 사회사상사는 공부할 이유가 없다. 주로 이런 사고는 A, B는 C에 도달하기 위해서 존재했다는 목적론에 사로잡혀 있을 때 나온다.

이런 목적론적 사고를 단적으로 반영하는 것이 일본어 번역을 그대로 가져온 '공상적 사회주의'라는 번역어 사용이다. 공상적 사회주의의 원어는 Utopian socialism인데 유토피아는 맥락상 이룰 수 없다는 공상(空想)이라기보다는 지향점을 가지는 이상(理想)으로 보는 것이 맞을 것이다. 그러나 일역인 '공상적 사회주의'라는 용어가 사용되면서 생시몽, 푸리에, 오언에 대해서는 잘 알지 못하면서도 얕보는 분위기만이 팽배하다.

과학적 사회주의라고 부르는 마르크스주의가 국내에서 본격적으로 번역되고 소개되던 1980년대에는 입문서만을 공부하고 그 입문서에 나온 것만 줄 쳐서 외웠던 시절이 있었다. 소비에트과학아카데미철학연구소에서 철학 입문용으로 편찬된 5권의 『세계 철학사』가 그 당시를 지배하였다. 1985년 녹두출판사에서 이 5권의 『세계 철학사』에서 '마르크스주의 사상의 형성, 변증법적 유물론, 사적 유물론' 부분만을 발췌 번역하여 3권으로 편집해서 내었다. 이후 수많은 '변증법적 유물론' 교과서와 '사적 유물론' 교과서가 나왔지만 다 입문서 수준과 대동소이한 책들이었다. 이를 1988년 중원문화에서 10권으로 전체 번역을 하여 출판하였다. 당시 1980년대 운동권에서 철학의 대가가 되는 비법으로 '녹두에서 나온 『세계 철학사』 3권을 100번 읽기'를 강조했다고 한다. 그러나 『세계 철학사』 3권을 100번 읽는다고 해서 마르크스주의 철학의 대가가 될 수 없었다. 소비에트과학아카데미철학연구소의 『세계 철학사』를 반복해서 읽는 것만으로 마르크스주의 철학의 대가가 절대 될 수 없는 이유가 이 책들은 고대부터 현대까지 전 세계 철학사를 대충 다 훑고 있는 입문서이기 때문이다. 입문서의 특성상 '몇 줄 요약 후 바로 칼처럼 평가하고 다음 챕터로 넘어가기'의 방법으로 충실히 서술되어 있다는 것이다. 현실 사회주의권에서도 세계 철학사류의 입문서들만이 아니라 헤겔『철학』과 마르크스의『자본의 방법론』을 다루는 일렌코프의『변증법적 논리학』 등의 철학 책들은 있었지만 대부분의 '운동권'은 거기까지 가보지 못했다. 현실 사회주의가 붕괴되면서 마르크스주의를 공부하는 열풍은 무라카미 하루키의『상실의 시대』와 문화 과학으로 넘어갔기 때문이다. 현실 사회주의가 붕괴되고 난 후에는 '공상적 사회주의'에 관해서는 목적론적으로 쓰여진 입문서인 소비에트과학아카데미철학연구소에서 나온『세계 철학사』에서 읽은 구절들만 기억으로 남아 있는 것이다. 한국에서 '좌파'라고 자칭한 진영에서 사회사상사 내지 사회철학 공부의 문제는 이 기억들을 넘어서지 못한 것이다.

하지만 실제로 마르크스와 엥겔스는 '유토피아 사회주의자 3인'에 대해서 그들을 언급하는 모든 글에서 무한한 존경심을 보냈으며 깔보는 글이라고는 단 한 구절도 적지 않았다. 에밀 뒤르켐은 생시몽을 과학적 사회주의의 선행자인 유토피아적 사회주의자로 보는 것이 아니라 생시몽의 사회주의론을 그 자체로 분석하였다.[2] 노년이 되어서도 그들에 대한 존경심을 버리지 않았으며 자신들이 거인들인 생시몽, 푸리에, 오언의 어깨 위에 서 있음을 고백한 엥겔스의 목소리를 들어보자.

> 독일의 이론적 사회주의가, 그 모든 공상과 그 모든 유토피아주의에도 불구하고 모든 시대의 가장 뛰어난 두 뇌들에 속하고 수많은 천재적 예견들을 내놓은 사람들이며 그 예견들이 옳았다는 것이 오늘날 과학적으로 증명되고 있는 세 사람이 생시몽, 푸리에, 오언의 어깨 위에 자신이 서 있다는 사실을 결코 잊지 않을 것이듯이……[3]

생시몽이 어떻게 마르크스를 그의 어깨에 올려두고 있는지 알면 마르크스를 이해하기 쉬울 것이고, 마르크스가 어

---

[2] Émile Durkheim, *Socialism And Saint Simon*, Routledge & Kegan Paul Ltd, 1928(1958).

[3] 프리드리히 엥겔스, 「독일 농민 전쟁 2판과 3판 서문」, 『프리드리히 엥겔스 저작선집』 1권, 박종철출판사, 1997, p. 168.

떻게 생시몽의 어깨 위에 서 있는가를 이해하면 생시몽을 이해하기도 수월할 것이다.

청년 생시몽이 30세 전후 맞이했던 프랑스 대혁명과 이후 공포 정치가 그의 계급 투쟁론에 어떤 영향을 끼쳤으며, 청년 마르크스와 엥겔스가 30세 전후로 목격했던 1848년 유럽 혁명이 그들의 계급 투쟁론에 어떤 영향을 끼쳤는가는 각각 입체적으로 비교해야 한다. 그래야 '가장 많은 수를 차지하는 빈곤층의 도덕적·물질적 생활 환경을 개선'하기 위해서 왜 생시몽은 새로운 그리스도교를 제안했으며 마르크스는 프롤레타리아 독재를 주장했는가를 알 수 있다.

생시몽의 '계급 투쟁론': 생시몽의 비유

우선 사회의 역사를 계급 투쟁의 역사로 본 생시몽의 계급 투쟁론과 그 계급 투쟁론이 나온 역사적 상황을 보아야 왜 그가 해법으로서 새로운 그리스도교를 제안했는가를 알 수 있다.

1819년 프랑스 선거법 개정이 있던 해에 생시몽은 그의 사상을 전달할 《조직자》지에 「생시몽의 비유」로 알려진 글을 실으면서 '계급 투쟁론'을 공개한다. 생시몽은 '현 사회는 전도된 사회'라고 분명하게 주장한다.

프랑스가 갑자기 …… 프랑스에서 가장 우수한 3,000명의 학자, 예술가, 수공업자들을 잃었다고 가정해 보자.

이 프랑스인들은 가장 중요한 생산물을 제공하고 국민에게 가장 유용한 일들을 지도하며 과학, 예술, 생업 분야에서 국민에게 생산성을 보장하는 가장 기본 생산자들로서 참으로 프랑스 사회의 꽃이다. 그들은 그들의 나라의 영광에 가장 크게 기여하고 그 문명과 번영의 증진에 가장 애쓴, 가장 유용한 자들이다. 국민은 그들을 잃은 순간부터 영혼 없는 육체에 불과하다. …… 프랑스가 그 불행에서 회복되려면 적어도 한 세대가 필요할 것이다. 왜냐하면 실증적인 유용성을 지닌 일에서 뛰어난 인사들은 참으로 예외적인 존재들이고 자연은 특히 이 면에서 예의를 아끼기 때문이다.

또 다른 가정을 해보자. 프랑스가 과학, 예술, 생업 분야에서 지닌 천재들을 유지하면서, 그러나 한날에 국왕 동생 전하…… 베리 공작 전하…… 모든 국왕의 대신들…… 게다가 귀족처럼 사는 가장 부유한 1만 명의 지주들을 일거에 잃었다고 일단 상정해보자.

그 사고가 프랑스인들을 몹시 슬퍼하게 할 것임은 명백하다. …… 그러나 국가에서 가장 중요하다고 일컫는 이 3만 명의 손실은 순수히 감상적인 이유에서만 슬픔을 줄 것이다. 왜냐하면 그 결과로 국가에 그 어떤 정치적인 해악도 초래되지 않기 때문이다.

프랑스의 번영은 오직 과학, 예술, 생업의 진보의 결과에 의해서만 가능하다. 그런데 왕족들, 국왕의 대신들, 주교들, 장군들, 지사들과 유한 지주들은 과학, 예술, 생업의 진보를 위해 직접 일하지 않는다. 그러기는커녕 그들은 그것에 해를 끼칠 뿐이다. 왜냐하면 그들은 이제까지 억측 이론이 실증적인 지식에 대해 행사했던 우월권을 연장시키려고 하기 때문이다. 그들은 지금 그러하듯이 학자, 예술가, 수공업자들로부터 그들이 받아 마땅한 최고의 사회적 존경을 박탈함으로써 필연적으로 국민의 번영을 해친다. 그들은 그들의 금전적 수단을 과학, 예술, 생업에 직접 유용하지 않은 방식으로 쓰기 때문에, 그들은 국민에게 무용한 일의 대가로서 매년 국민이 낸 세금에서 세비, 연금, 특별 수당, 보상금 등의 명목으로 3~4억 프랑을 공제하기 때문에 국민의 번영을 해친다. …… 그것은 사회 조직이 매우 불완전함을, 사람들이 여전히 폭력과 술책의 지배에 몸을 내맡기고 있음을, (정치적으로 말해) 인류가 아직도 부도덕에서 헤어나지 못하고 있음을, 비록 간접적인 방식에 의하기는 하지만 명백히 입증하였다. 왜냐하면 사회에 실증적인 유용성을 지닌 일을 하는 유일한 사람들로서 사회에 거의 아무런 재정적 부담을 주지 않는 학자, 예술가, 수공업자들이 단지 다소간 무능한 인습적인 관료에 불과한 왕족과 다른 지배자들에게 종속되고 있기 때문이다. …… **현 사회가 참으로 전도된 사회임을 보여준다.**

왜냐하면 국민은 빈자가 부자에 대해 너그러워야 함을, 그리고 그 결과로 덜 여유 있는 자들이 대유산자들의 잉여를 증대시키기 위해 날마다 그들의 필수품의 일부를 빼앗기고 있음을 기본 원칙으로 받아들이고 있기 때문이다.

왜냐하면 가장 큰 범죄자가, 큰 도둑이, 전 시민을 압박하고 그들로부터 매년 3~4억 프랑을 훔치는 자들이 사회에 대한 사소한 범죄를 벌주는 책임을 부여받고 있기 때문이다.

왜냐하면 무지, 미신, 게으름, 사치스런 쾌락의 추구가 사회의 최고 지도자들의 전유물인 반면 능력 있고 검소하고 근면한 사람들은 단지 하급자나 도구로 고용되고 있기 때문이다.

왜냐하면 한마디로 모든 종류의 직업에서 능력 있는 사람들을 지휘할 책임을 부여받은 자들이 바로 무능한 자들이며, 사소한 범죄의 실수를 벌주기 위해 임명된 자들이 배분적 정의의 관점에서 가장 범죄자이기 때문이다.(강조-옮긴이)[4]

생시몽은 이렇게 전도된 사회에서 균형이 무너지면 민중은 항상 봉기를 일으킨다는 것을 다음과같이 알고 있었다.

(인용자-왕권신수설을 주장한) 보쉬에는 그의 감탄할 만한 재능을 발휘하여 평등의 이념에 일반적인 관심을 주입시켰다. 왜냐하면 혁명이란 평등을 확립하려는 하층 계급의 고양된 욕망에 다름 아니기 때문이다. 혁명이란 끔찍하면서도 불가피한 악이다. 인간 정신의 위대한 진보는

---

4 Henri de Saint-Simon, *L'organisateur Oeuvres*, pp. 17-25; 최갑수, 「생시몽의 社會思想」, 1991, pp. 189-190에서 재인용.

대위기의 결과다. 민중은 항상 봉기를 일으켜왔다. 그리고 한편으로 지배층의 계몽과 권력 사이에 그리고 다른 한편으론 피지배층의 무지와 종속 사이에 적절한 균형이 무너지게 된다면, 민중은 항상 봉기를 일으킬 것이다.[5]

필요한 것은 사회주의 혁명이 아니라 대산업체 조직이다

생시몽은 미국 독립전쟁에는 참가했지만 프랑스 대혁명 당시에는 프랑스에 없었고 귀국 후에도 혁명 이후 이어진 공포 정치에 대해 많은 피로감을 느꼈다. 생시몽은 1808년 쓴 「나의 생애」라는 글에서 1789년 프랑스 대혁명 당시 스페인에 머물다가 그해 말에 프랑스로 돌아왔다고 밝히고 있다. 이 글에서 혁명 당시에 귀족의 아들로 태어났지만 궁정파에 소속해 활동하지 않았고 왕권을 타도하려는 혁명파 어디에도 속하지 않은 이유에 대해 스스로 설명했다.

나는 혁명에 관여하기를 원치 않았다. 왜냐하면 나는

---

5 Henri de Saint-Simon, *Oeuvres*, XL, pp. 193-194; 최갑수, pp. 41-42에서 재인용.

한편으로 구체제가 지속할 수 없다는 신념을 지녔고 다른 한편으로 파괴 행위에 대해 혐오감을 지녔기 때문이다. 또한 왜냐하면 정치 활동을 시작하려면 국민적 대표제를 압살하려는 궁정파나 왕권을 압살하려는 혁명파에 가담하는 것 외에 다른 방법이 없었기 때문이다. 따라서 나의 행위는 투기 쪽으로 기울었다. 나는 레데론 백작이라는 한 프러시아인과 함께 국유 재산의 매각에 대한 투기 행위에 몰두했다. 하지만 내가 원했던 재산은 단지 수단에 불과하였다. 대산업체를 조직하고 완벽한 학문 체계를 확립하는 것이 내 야심의 진정한 목표였다.[6]

생시몽이 원한 것은 사회주의 혁명이 아니었다. 물론 그의 시대 자체가 '사회주의'라는 표현을 사용하지 않았지만 그가 초기 사회주의자인 것은 분명히 맞다. 사회주의란 용어는 처음 사용될 때 개인주의에 반대되는 의미로서 사용되는 측면이 있었다. 즉 사회 문제 해결을 개인에게서 바라는 것이 아니라 사회를 통해서 해결하겠다고 하면 사회주의로

---

6 Henri de Saint-Simon, *Oeuvres*, XV, pp. 66-67; 최갑수, 「생시몽의 社會思想」, 1991, p. 38에서 재인용.

분류되었다. 이 점에서 사회 문제 해결을 개인의 합리성에서 찾는 자유주의는 사회주의와 대립점에 서 있게 된다. 생시몽은 자유주의자들처럼 자본가와 노동자 간의 갈등이 해결될 수 있었다고 믿었지만 우리가 그를 자유주의자로 분류할 수 없는 이유는 생시몽이 사회 문제 해결을 개인의 합리성이 아닌 대산업체 조직에서 찾았기 때문이다. 그래서 그는 전체 사회의 25분의 24를 차지하고 있는 '가장 많은 수를 차지하는 빈곤층의 도덕적·물질적 생활 환경을 개선'하기 위해서 부르주아지가 지도하는 산업자들의 '산업주의'를 제안했다. 생시몽에게서 산업의 의미는 개인 사업가의 사업이 아닌 사회 전체의 산업을 의미한다. 생시몽은 사회의 산업을 체계적으로 조직하는 지배층이 피지배층에 대해 지적인 우위를 가지고 사회 전체의 물질적 조건들을 발전시키고 조절하면 사회혁명은 일어나지 않는다고 생각하고 다음과 같이 말하였다.

혁명을 종결짓는 방법은 지배층과 피지배층 사이에 새로운 경계선을 긋는 데 있다. 혁명으로 복귀를 가능한 한 멀게 하는 방법은 그 경계선을 전자가 후자에 대해 가능

한 한 가장 큰 지적인 우위를 갖도록 긋는 데 있다.[7]

프랑스 대혁명의 아들 생시몽이 계급 투쟁을 거부하다

생시몽은 민중의 봉기를 바라지 않았다. 그는 피지배층에 대해서 지배층이 더욱 많은 지적인 우위를 가져 혁명이 일어나지 않기를 바랐다.[8] 생시몽은 전도된 사회에서 계급 투쟁이 있음을 분명하게 알고 있었지만 카를 마르크스처럼 계급 투쟁이 민중 봉기, 혁명으로 이어질 것을 원하지 않았다. 그 이유는 생시몽의 시대와 마르크스의 시대가 달랐기 때문이다. 마르크스는 '공산주의자당 선언'에서 분명하게 그의 시대와 생시몽의 시대를 구분하였다.

원래의 사회주의 및 공산주의 체계들, 즉 생시몽, 푸리에, 오언 등등의 체계들은 앞에서 말한 적 있는 프롤레타

---

7 Henri de Saint-Simon, *Oeuvres*, XL, pp. 193-194; 최갑수, pp. 41-42에서 재인용.

8 칼 마르크스, 「공산주의자당 선언」, 『프리드리히 엥겔스 저작선집』 1권, 박종철출판사, 1997, p. 429.

리아트와 부르주아지 사이의 투쟁이 발전하지 못한 초기 시기에 출현했다.[9]

마르크스에게는 서로 대립하는 계급이 바로 자본가와 노동자였지만, 생시몽에게 대립하고 있는 계급은 산업자(les industriels)와 유한자(les oisifs)였다. 산업자는 학자, 예술가, 은행가, 기업가, 노동자 등 넓은 의미의 생산자와 동의어지만 유한자는 귀족적인 생활 방식을 지닌, 아무 일도 하지 않는 무위도식자를 의미하였다. 생시몽은 노동자와 자본가를 대립 관계로 보지 않았다. 생시몽에게 노동자와 자본가는 같은 계급이다. 산업자 중 자본가인 기업가와 은행가는 산업자 계급의 지도자로 보았다.

생시몽은 프랑스 대혁명을 통해서 귀족인 유한자들의 봉건 지배가 무너지고 노동자와 자본가로 구성된 산업자들이 이끄는 자본주의가 오고 있는 것을 보았다. 당시 프랑스에서 생시몽에게 가장 큰 정치 경제학적 영향을 준 학자가 중농주의자 세이인 것에서 알 수 있듯이 프랑스에서는 영국

---

9 칼 마르크스, 「공산주의자당 선언」, 『프리드리히 엥겔스 저작선집』 1권, 박종철출판사, 1997, p. 429.

의 산업혁명에 해당되는 시기가 오지 않았다. 생시몽이 살던 시대는 도심에 바리케이트가 세워지고 노동자들이 무장 투쟁하던 1848년의 유럽이 아니었다. 생시몽의 제자들조차도 1848년 유럽 혁명 이후 체제 내부의 현실주의자가 된 앙팡탱의 노선과 체제 바깥의 비판주의자가 된 바로의 노선으로 갈라지게 된다.[10] 1825년 사망한 생시몽의 말년은 프랑스 왕정복고기인 1815~1835년과 겹쳐져 있다. 엥겔스는 생시몽이 노동자와 자본가의 대립으로 당시의 시대를 분석하지 않고 산업자/제삼 신분과 유한자/특권으로 분석한 이유를 다음과 같이 설명한다.

생시몽은 프랑스 대혁명의 아들이었으며, 혁명이 발발했을 때는 아직 서른이 안 되었다. 혁명은 그때까지의 특권적인 무위도식의 신분인 귀족과 성직자에 대한 제삼 신분, 즉 생산과 상업에서 활동하는 국민 대중의 승리였다. 그러나 제삼 신분의 승리는 즉시 이 신분의 작은 부분의 배타적인 승리임이 드러났고, 제삼 신분 가운데 사

---

10 육영수, 「생시몽주의자들과 1848년 혁명: 두 갈래 길」, 《역사학보》 161, 1999. 3, pp. 139-171.

회적 특권층인 유산 부르주아지에 의한 정치 권력의 전취임이 드러났다. 게다가 이 부르주아지는 몰수되었다가 후에 판매된 귀족과 교회의 보유지에 대한 투기를 매개로 하여, 그리고 군납을 통한 민족에 대한 기만을 매개로 하여 혁명 동안에 급속히 발전하였다. 총재 정부 아래에서 프랑스와 혁명을 몰락으로 몰고 가고 그럼으로써 나폴레옹에게 쿠데타의 구실을 준 것은 바로 이들 투기업자들의 지배였다. 그리하여 생시몽의 머리에는, 제삼 신분과 특권 신분의 대립이 '노동자'와 '무위도식하는 사람' 사이의 대립이라는 형태를 띠었다. 무위도식하는 사람. 그들은 예전의 특권자들뿐만 아니라 생산과 상업에 참여하지 않은 채 임대료로 생활하는 모든 사람도 포함하는 것이었다. 그리고 '노동자', 그들은 임금 노동자뿐만 아니라 제조업자, 상인, 은행가들도 포함하는 것이다. 무위도식하는 사람들이 정신적 지휘와 정치적 지배의 능력을 상실했다는 것을 확실했으며, 이는 혁명을 통해 결정적으로 확증되었다. 무산자가 이러한 능력을 보유하고 있지 못하다는 것은 생시몽에게는 공포 시대의 경험을 통해 증명된 것처럼 보였다.[11]

생시몽에게 공포정의 시기는 무산자가 정신적 지휘와 정치적 지배의 능력을 가지지 못했다는 것을 확신시켜준 시기였다. 생시몽은 새로운 산업 제도를 만들어서 '산업가'들이 생산을 계획적으로 관리해야 한다고 생각하였다. 생시몽이 살던 시대에서는 사용하지 않는 표현으로 생시몽의 생각을 표현하면 "생시몽은 자본가들이 노동자들을 이끌고 생산을 계획적으로 관리하면" "가장 많은 수를 차지하는 빈곤층의 도덕적·물질적 생활 환경을 개선"할 수 있다고 생각한 것이다. 생시몽의 시대에 무산자가 정신적 지휘와 정치적 지배의 능력을 갖추지 못했기에 생시몽은 대안을 제시했다. 위 인용문은 다음의 문장들로 이어진다.

그러나 누가 지휘하고 지배해야 하는가? 생시몽에 따르면 그것은 새로운 종교적 끈으로 응집된 2가지인 과학과 공업이어야 했는데, 이 종교적 끈은 종교개혁 이래로 파괴된 종교적 견해의 통일을 회복하기로 예정되어 있는 필연적으로 신비적이고 엄밀하게 위계적인 '새로운 그리

---

11 프리드리히 엥겔스, 「유토피아에서 과학으로의 사회주의의 발전」, 『프리드리히 엥겔스 저작선집』 5권, 박종철출판사, 1997, pp. 438-439.

스도교'였다. 그러나 과학, 그것은 학자였으며 산업, 그것은 일차적으로 활동적인 부르주아, 제조업자, 상인, 은행가였다. 이 부르주아는 일종의 관료, 즉 사회의 신임을 얻은 사람으로 전화되어야 하지만, 노동자들에 대해서는 명령을 내리고 또 경제적으로도 특권적인 지위를 유지해야 했다. 특히 은행가들에게는 신용의 조절을 통해 사회의 모든 생산을 조절할 소명이 있었다. 이러한 파악은, 프랑스에서 대공업이 처음 성립하고 그와 함께 부르주아지와 프롤레타리아트 사이의 대립이 이제 막 성립하던 시대에 완전히 조응하는 것이었다. 그러나 생시몽이 특별히 강조한 것은 이렇다: 그에게는 언제 어디서나 먼저 "가장 수가 많고 가장 가난한 계급"의 운명이 문제였다.

생시몽은 이미 『주네브인이 현대인에게 보내는 편지』에서 다음과 같은 명제들을 내놓았다.

"모든 인간은 노동할지어다."
그는 이미 같은 저술에서 공포 지배가 무산대중의 지배였음을 알고 있었다.
그는 무산대중을 향하여 부르짖는다. "보라, 너희의 동지들이 프랑스를 지배하던 시대에 거기서 무슨 일이 일어났던가를. 그들은 기아를 빚어내지 않았던가."

그러나 프랑스 대혁명을 단지 귀족과 시민층 사이의 계급 투쟁으로뿐만 아니라 귀족 및 시민층과 무산자들 사이의 계급 투쟁으로 파악했다는 것은 1802년에는 극히 천재적인 발견이었다. 1816년에 그는 정치학을 생산에 관한 학문이라고 언명하였고, 정치학이 경제학에 완전히 동화될 것이라고 예언하였다. 경제적 상황이 정치적 상황들의 토대라는 인식이 여기서는 아직 맹아적으로 나타나고 있지만, 그럼에도 불구하고 인간에 대한 정치적 통치가 사물들의 관리와 생산 과정의 지휘로 옮겨간다는 생각, 따라서 요즈음 소란스럽게 퍼져 있는 '국가의 폐지'에 관한 생각은 여기에서 이미 명백하게 언명되어 있다.[12]

엥겔스는 생시몽에게서 사적 유물론의 요소가 있음을 읽어내고 있다. 생시몽에게서 사적 유물론적 요소를 발견하여 마르크스에게로 연결시키는 이론적 작업을 주로 한 것은 러시아 마르크스주의의 아버지라 불리던 플레하노프다. 소련에

---

12 카를 마르크스, 『프리드리히 엥겔스 저작선집』 5권, pp. 439-440.

서는 러시아 혁명 시 플레하노프가 볼세비키와 등을 졌다는 이유로 플레하노프를 평가절하하지 않았고 그의 연구 성과들은 소련에서도 높이 평가되어 철학 선집이 편집되었다.[13]

빈곤층의 폭력을 막기 위한 새로운 그리스도교

프랑스는 1817년에서 1852년에 이르는 물가 하락의 침체기에도 불구하고 산업혁명의 단계에 들어서는 데 성공했으며, 이로 인해 산업 프롤레타리아의 등장과 그 뒤를 이은 성장이 있었다. 평생을 프랑스 대혁명 이후 상승하고 있던 자본가들에게 신뢰를 보냈던 생시몽은 말년이 되어서는 노동자와 자본가 간의 계급 투쟁의 고조를 민감하게 느끼게 되었다. 생시몽은 이제는 산업가들 중 지도하는 계층인 '자본가'의 지적인 우위를 신뢰하는 것만으로는 산업자 '내부의 문제'인 노동자와 자본가 문제를 해결할 수 없다고 판단하게 되었다. 생시몽은 죽기 마지막 해인 1925년에 『새로운 그

---

13 Georgi Plekhanov, *Philosophical works vol. 3*. Introduction, progress, 1976.

리스도교』를 쓰면서 폭력 혁명을 막고자 하였다.

　　내가 기독교를 근본 원칙의 변모를 감내하면서 쇄신할 방법을 찾은 다음에 우선 주의를 기울인 일은, 빈곤층이 새로운 교리 표명을 위해 부자나 정부에 대항해 폭력을 행사하는 일이 벌어지지 않도록 필요한 모든 대비를 하는 것이었습니다.

　　나는 새로운 기독교 교리가 부자와 권력가들의 이익에 전혀 반하지 않는다는 인상을 주면서 그들이 새 교리에 호의적인 태도를 갖도록 그들에게 먼저 호소해야 했습니다. 부유층의 수익 향상을 지향하지 않고 다른 방법으로는 빈곤층의 도덕적·물질적 생활 환경을 개선하는 것이 명백히 불가능했기 때문입니다.

　　예술가와 학자, 산업체 수장 등이 자신들의 이익이 대다수 민중의 이익과 본질적으로 같음을, 그리고 그들이 수장인 것과 마찬가지로 자연스럽게 노동자 계급에 속하며, 대다수 민중의 동의가 그들의 위대한 작업에 어울리는 유일한 보상임을 의식하게 해야 했습니다. 나는 이 일이 가장 중요하므로 여기에 역점을 둬야 했습니다. 이것이 국가들에게 진정으로 신뢰할 만한 지침, 즉 여론을 이끌고 다수 계층의 이익에 유리한지 불리한지 정책들을

올바르게 판단하도록 돕는 지침을 제공하는 유일한 방법이기 때문입니다.(본문, pp. 83-84)

플레하노프는 생시몽이 푸리에처럼 계급 투쟁의 공포에 질려서 그의 지식인 독자들을 '무산자 계급(propertyless class)', '민중(people)'이란 표현으로 위협했다고 하였다.[14] 그러나 마르크스는 생시몽의 『새로운 그리스도교』가 자본가와 노동자의 화해를 부추긴다고 비판하지 않는다. 오히려 『자본론』에서 아래와 같은 격찬을 보내었다.

생시몽이 노동 계급의 대변자로 자처하고 그들의 해방이 자신의 열망의 최종적 목표라고 선언했던 것은 마지막 저작인 『새로운 그리스도교』에 와서였다.[15]

마르크스는 그에게 자신의 어깨를 내어준 거인인 생시몽이 "예술가와 학자, 산업체 수장들이 자신들의 이익이 대다수 민중의 이익과 본질적으로 같음"을 주장한 것에 대해서

---

14 Georgi Plekhanov, p. 302, p. 305.

15 MEW, Bd. 25, S. 618.

는 비판하지 않았다. 그러나 마르크스는 자신처럼 생시몽의 유토피아 사회주의의 맥을 잇는 다른 이들에 대해서는 혹독한 비판을 하였다. 마르크스는 프루동을 가차 없이 비판하였다. 아나키스트들에게 지대한 영향을 끼치고 현대 협동조합 운동의 대부가 된 프루동이 자본가들이 혁명을 잘 지도할 것을 부탁했기 때문이다. 존 스튜어트 밀은 생시몽의 사회주의를 자신의 공리주의와 엮고 발전시켜서 사회주의론을 만들었다. 미국 대통령 선거 기간에 버니 샌더스가 사회주의자 후보로 출마했는데, 바로 이 버니 샌더스의 사회주의가 존 스튜어트 밀의 사회주의다. 버니 샌더스의 사회주의는 사회 복지 정책으로 한국 의료 보험 정도를 갖춘 사회를 만들자는 것이지 반자본주의를 하자는 것이 아니었다. 버니 샌더스처럼 분배를 중심에 두는 사회주의는 존 스튜어트 밀에게서 뿌리를 두고 있다.[16] 마르크스는 존 스튜어트 밀이 생시몽과 같은 의도에서 "상류 계급 사람들로 하여금 가난한 사람들은 교육을 받았을 때보다도 교육을 받지 못한 경우에 더 무섭다는 것을 깨닫게 하기 위해서" 쓴 정치 경제학의 내

---

16 존 스튜어트 밀 지음, 정홍섭 옮김, 『존 스튜어트 밀의 사회주의론』, 좁쌀한알, 2018.

용들을 언제나 경멸했다. 생시몽의 시대는 1876년 승리했던 프랑스 대혁명의 시대였고 마르크스와 프루동과 존 스튜어트 밀의 시대는 1848년 패배한 유럽 혁명의 시대였다.

마르크스가 생시몽을 존경했지만 자기 당대의 프루동과 존 스튜어트 밀을 비판한 것은, 생시몽이 『새로운 그리스도교』에서 루터와 루터 이후의 루터주의자들을 구분한 것과 같은 맥락에 있다. 생시몽은 루터에게 기독교를 재조직하려고 싸우지 않은 것에 대해 비판하지 않았다. 그에 대한 비판은 루터 이후의 "현 문명 상태의 그리스도인들의 수준보다 낮은 단계의 윤리를 취한" 루터주의자들에게 해야 하는 것이었다. 마르크스와 엥겔스는 계급 화해의 환상들을 만들었다고 생시몽을 폄하하지 않고 그를 높이 평가한다. 엥겔스는 『유토피아에서 과학으로의 사회주의의 발전』에서 당시의 역사적 상황이 사회주의 창시자들을 지배하였다고 다음과 같이 주장하였다.

1802년에는 생시몽의 『주네브인이 현대인에게 보내는 편지』가 출판되었다. 1808년에는 이미 1799년에 이론의 정초가 시작된 푸리에의 최초의 저작이 출판되었다. 1800년 1월 1일에는 로버트 오언이 뉴라나크의 지휘를

떠맡았다.

　그러나 이 시기에는 자본주의적 생산 방식도, 그리고 그와 함께 부르주아지와 프롤레타리아트의 대립도 아직 매우 미진한 발전 상태에 있었다. 영국에서 이제 막 성립된 대공업은 프랑스에는 아직 알려져 있지도 않았다. 그러나 바로 이 대공업만이 비로소, 한편으로는 생산 방식의 변혁을, 그 자본주의적 성격의 제거를 불가항력적인 필연으로 끌어올리는 충돌들을 발전시킨다.: 이 대공업이 산출한 계급들의 충돌뿐 아니라 이 대공업이 창조한 생산력들과 교환 형태들의 자체의 충돌들까지. 그리고 다른 한편으로는 이러한 충돌들을 해결할 수단을 바로 이 거대한 생산력 속에서 발전시킨다. 따라서 새로운 사회 질서에서 생겨나는 충돌들이 1800년경에 막 생성되고 있었다면, 그 해결 수단들의 상태는 더 말할 나위도 없었다. 비록 파리의 무산대중이 공포 시대 동안 잠시 지배권을 전취할 수 있었다면, 그리고 이를 통해 부르주아 혁명이 바로 시민층에 반대하여 승리를 이끌어낼 수 있었다면, 그들은 이로써 당시의 사정에서는 자신들의 지배가 당분간은 불가능하다는 것을 증명했을 뿐이다. 새로운 계급의 근간으로서 이 무산대중으로부터 분리되어

나왔으나 아직 자립적인 정치 행동을 할 능력이 전혀 없었던 프롤레타리아트는 자력 갱생의 능력이 없으므로 기껏해야 외부로부터나 위로부터 도움을 받아야 하는 억압받고 고통받는 신분으로 나타났다.

이러한 역사적 상황은 또한 사회주의 창시자들을 지배했다. 자본주의적 생산의 미성숙 상태, 미성숙한 계급 상황에 미성숙한 이론들이 조응하였다. 사회적 과제들의 해결은 발전하지 못한 경제적 관계들 속에 숨어 있었기 때문에 머리 속에서 산출되지 않으면 안 되었다. 사회는 폐해들만 제공하고 있었다; 이것들을 제거하는 것이 사유하는 이성의 과제였다. 새롭고도 한층 완전한 사회 질서의 체계를 발명하는 것, 그리고 선전을 통해서, 가능하면 모범적 실험들의 선례를 통해서 그 체계를 외부로부터 사회에 가용하는 것이 문제였다. 이러한 새로운 사회 체계들은 애초부터 유토피아가 될 운명에 놓여 있었다. 그 사회 체계들은 개별적인 지점에서 더 다듬어지면 다듬어질수록, 그만큼 순진한 환상으로 흘러갈 수밖에 없었다.

일단 이 점을 확실히 해둔 이상, 오늘날에는 완전히 과거의 일에 속하는 이 측면에 대해서는 더 말하지 않기로 하자. 오늘날에 와서는 사람들의 웃음을 자아낼 뿐인 이 환상들을 점잔을 빼며 이리저리 꼬집고, 이러한 '정신착란'에 비해 자신들의 분별 있는 사유 방법을 우월하게 만드는 일 따위는 문필적 소매상들에게 맡겨버려도 무방하다. 우리는 오히려 환상적 껍질 아래 도처에서 분출하고 있으나 저 속물들은 보지 못하는 천재적 사상의 맹아와 천재적 사상을 보고 기쁨을 느낀다.[17]

과거 사상의 환상적 껍질 아래 있는 '천재적 사상의 맹아와 천재적 사상'에 기뻐하자

사회사상을 공부할 때는 조급한 목적론에서 벗어나야 한다. 사회사상사는 일직선으로 발전하는 것이 아니며 따라서 과거의 사상은 버려지고 새로운 사상으로 대체되는 것이 아니다.

애덤 스미스의 보이지 않는 손은 카를 마르크스의 계획경제 주장에 대한 반대 논거로 사용되어왔다. 그러나 애덤

---

17 칼 마르크스, 『프리드리히 엥겔스 저작선집』 5권, pp. 487-488.

스미스의 보이지 않는 손은 카를 마르크스의 사회주의 계획 경제론보다 먼저 등장했다. 마르크스의 계획 경제론도 완전히 새로운 것은 아니다. 생시몽은 프랑스 대혁명 이후 대산업체 조직을 주장하면서 이미 사회 전체의 계획 경제를 거론했다. 노동자와 자본가의 계급 화해 이론도 카를 마르크스가 프롤레타리아 독재론을 주장하고 난 이후에 나오지 않았다. 마르크스가 프롤레타리아 독재론을 제시하기 전에 생시몽은 『새로운 그리스도교』로 계급 화해 이론을 이미 주장하였다. 우리가 편협한 목적론에 입각하여 사회사상사를 보지 않고, 사상들과 사상들이 나온 시대들의 분석을 다양한 각도로 입체적으로 비교해서 보게 되면 우리가 안고 있는 문제들을 풀 수 있는 해법들도 풍부하게 만들 수 있을 것이다.

우리가 지금 해야 할 것은 생시몽의 『새로운 그리스도교』와 같은 과거의 사상을 읽을 때 그 '환상적 껍질 아래' 보지 못하고 있는 '천재적 사상의 맹아와 천재적 사상'을 보고 기뻐하는 것이다.

연표

연표

1760년

10월 17일, 귀족 집안에서 출생했다.

1779년

미국 독립혁명에 참가했다.

1789년

프랑스 대혁명 시 스페인에 나가 있었다.

1789-1794년

자신은 '평등'의 지지자라 선언하고 정치적 자유를 선전했으며 지주 귀족의 특권을 폐지하라는 요구를 국민의회에 제출했으나 공포 정치 시기(1793~1794) 이후에는 정치 활동에서 멀어졌다.

1798년

연구 생활에 들어가 해외를 다니기 시작했다. 살롱을 만들어 프랑스 최고의 지식인들과 교류하기도 했다.

1801년

나폴레옹은 혁명 이래 적대 관계에 있던 교황 피우스 7세와 정교조약을 체결함으로써 프랑스에 로마가톨릭교를 부활시켰다.

1802년

스위스 체류 중에 『주네브인이 현대인에게 보내는 편지』를 썼다.

1807-1808년

철학적 저작 『19세기의 과학적 역작 입문』를 썼다.

1813년

『인간에 관한 과학의 개요』와 『만유인력론』을 썼다.

1814년

당시에는 영국의 대의제를 최선이라 믿던 자유주의자였다.

1816-1818년

《산업》지를 운영했다.

1817-1818년

네 번째 논문집 『산업, 혹은 유익에서 독립한 노동에 종사하는 모든 사람의 이익이 되는 정치적, 도덕적, 철학적 고찰』이 출판되었다.

1819년

문집 『정치』를 출판했다.

1819-1820년

논문집 『조직가』를 출판했다.

1819년

선거법이 개정되었다.

1819-1820년

기존 자유주의자들과 자신의 사상이 다른 것을 알게 되었다.

1821-1822년

『산업 체제에 대하여』를 출판했다.

1823-1824년

『산업가의 교리문답』을 출판했다.

1824년

'산업주의'라는 신조어를 만들어냈다.

1825년

『문학적, 철학적, 산업적 고찰』이 출판되고 마지막 저작인 『새로운 그리스도교』를 썼다.

1825년

5월 19일, 65세로 사망했다.

1829년

생시몽의 제자들이 신그리스도교 이론에 따라 교회를 세우나 오래 가지 못했다.

생시몽
새로운 그리스도교

초판 인쇄 | 2018년 9월 1일
초판 발행 | 2018년 9월 10일

지은이 생시몽
옮긴이 박선주
펴낸이 최종기
펴낸곳 좁쌀한알
디자인 제이알컴
신고번호 제2015-000058호
주소 경기도 고양시 일산동구 장항로 139-19
전화 070-7794-4872
E-mail dunamu1@gmail.com

ISBN 979-11-954195-9-3   03230

이 도서의 국립중앙도서관 출판예정도서목록(CIP)은 서지정보유통지원시스템 홈페이지(http://seoji.nl.go.kr)와
국가자료공동목록시스템(http://www.nl.go.kr/kolisnet)에서 이용하실 수 있습니다.(CIP제어번호: CIP2018025488)

판매·공급 | 한스컨텐츠㈜
전화 | 031-927-9279
팩스 | 02-2179-8103